Otto Henne am Rhyn

Die nationale Einigung der Deutschen, die Entwicklung und die Aufgaben des Reiches

Otto Henne am Rhyn

Die nationale Einigung der Deutschen, die Entwicklung und die Aufgaben des Reiches

ISBN/EAN: 9783743684133

Hergestellt in Europa, USA, Kanada, Australien, Japan

Cover: Foto ©ninafisch / pixelio.de

Weitere Bücher finden Sie auf **www.hansebooks.com**

Die nationale Einigung der Deutschen,

die

Entwickelung und die Aufgaben des Reiches.

Von

Dr. Otto Henne am Rhyn.

Hannover.
Verlag von Carl Meyer.
(Gustav Prior.)
1891.

Vorwort.

Wenn schon nicht in Beziehung auf politische Abgrenzung, dafür aber durch Sprache, Litteratur und Sympathien als Angehöriger der deutschen Nation sich fühlend, wagt es der Verfasser, in den folgenden Blättern darzulegen, wie das Deutsche Reich entstanden ist, welche große Errungenschaften dasselbe seit den zwei ersten Jahrzehnten seiner Entwickelung aufzuweisen hat und auf welchen Wegen er dasselbe fortan wandeln sehen möchte. Was ihn dazu bewegt, sind Erscheinungen der neuesten Zeit, die ihn ebenso sehr ergreifen und schmerzen, wie ihn des deutschen Volkes Fortschritte auf der Bahn zum erhöhten Ansehen unter den Nationen, des Deutschen Reiches Anstrengungen zur Befestigung seiner Einheit und zur Begründung der Wohlfahrt seiner Völker, und des deutschen Geistes Triumphe auf den Gebieten der Industrie, Kunst und Wissenschaft erheben und freuen. Könnte er dazu beitragen, daß Alles, was treu, deutsch und frei fühlt, sich vereinigte, die schädlichen Elemente, die, teils böswillig, teils blos verführt, das edle Deutschland verderben möchten, siegreich aus dem Felde zu schlagen, so würde er gerne sein alterndes Haupt zur Ruhe legen.

St. Gallen (Schweiz), Frühlingsanfang im Schnee 1891.

Der Verfasser.

Inhalt.

	Seite
I. Wie ist das Deutsche Reich entstanden?	1
II. Was haben die Deutschen ihrer Einigung zu verdanken?	45
III. Was thut dem Deutschen Reiche not?	66

I.

Wie ist das Deutsche Reich entstanden?

Die Weltgeschichte lehrt uns, daß im Laufe der Zeiten die Völker zu stets umfassenderen Gruppen zusammentreten, nicht freiwillig, sondern gezwungen durch ein Gesetz der Geschichte und der Kultur. So sind schon die ältesten Reiche, von denen wir eine geschichtliche Kenntnis besitzen, das ägyptische und das babylonische, aus kleinen Lokalkönigtümern zusammengewachsen; noch größere Umfänge gewannen in wachsendem Maße das assyrische und das persische und darauf das makedonische Reich Alexanders des Großen, dessen Trümmer abermals in ein Weltreich, in das römische, vereinigt wurden.

Das römische Reich steht in seiner als Weltreich halbtausendjährigen Dauer auf der Grenzscheide zweier Weltalter, eines ältern, das dem Südosten, und eines neuern, das dem Nordwesten der alten Welt den entscheidenden Einfluß einräumte. Indem das römische Reich die hingeschwundenen Kulturen des Südostens zusammenfaßte, ist es das Vorbild der Kultur des Nordwestens in Staatsverfassung, Gesetzgebung, Kriegswesen, Friedenswirtschaft, Religion, Kunst und Wissenschaft geworden. Alle nach ihm entstandenen europäischen Staaten und ihre Kolonien haben das römische Reich in mehr oder weniger direkter Weise zu ihrem Muster genommen, dem sie ihre eigenen Zustände nachzubilden suchten.

Auch in den neueren Staaten, d. h. in denen, welche jünger als das römische Reich sind, hat sich das Gesetz der allmählichen Zusammensetzung kleinerer zu größeren Gemeinwesen bestätigt. Wir finden es wirksam in der Vereinigung der angelsächsischen Teilreichlein zum englischen, der verschiedenen Königreiche auf der iberischen Halbinsel zum spanischen, der kleinen skandinavischen Häuptlings- und Jarlschaften zum dänischen, norwegischen, schwedischen, der einst zahllosen russischen Klein- und Großfürstentümer zum großen moskowitischen Reiche.

Eine Ausnahme von dieser Entwickelung, wenigstens eine zeitweise, schließlich aber doch wieder eine Bestätigung derselben bietet Mitteleuropa samt der von ihm ausgehenden Halbinsel Italien dar, aber aus einem sehr natürlichen Grunde. Die Zusammenfassung aller dieser Länder vom Ebro bis zur Elbe und von der Eider bis zum Garigliano in dem kolossalen fränkischen Reiche unter Karl dem Großen war lediglich durch Eroberungen bewirkt, ohne einen zwingenden innern Beweggrund, ohne das Vorhandensein ähnlicher sprachlicher, religiöser und kultureller Gemeinsamkeiten, wie sie in den genannten übrigen europäischen Gemeinwesen bestanden. Sprache und Sitten trennten die Germanen im Osten und die Gallier im Westen der Vogesen und Ardennen, unwegsame Gebirge und tiefe Verschiedenheit der Bildung beide Völkerstämme von den Italienern im Süden der Alpen. Es war nicht nur die Unsitte der Reichsteilungen, die von den Merowingern auf die Karolinger übergegangen, was jene Länder auseinander riß. Austrasien, Neustrien, Burgundien und Aquitanien hatten sich nach jeder Teilung wieder zusammengefunden; Deutschland, Frankreich und Italien aber, nachdem der Vertrag von Verdun (843) zwar einen Landstrich von den Alpen bis zur Nordsee mit Italien verbunden, der Vertrag von Meersen (870) aber denselben zwischen Deutschland und Frankreich geteilt, blieben für immer getrennt, weil sie, obschon teilnehmend an den Gesamtzügen der europäischen Kultur, in Sprache, Sitten und Bildung weit auseinander strebten.

Nun hat sich aber die sonderbar scheinende Thatsache ergeben, daß Frankreich schon ein halbes, Italien und Deutschland aber erst ein ganzes Jahrtausend nach ihrer Trennung geeinigte Staatswesen wurden. Die Ursache dieser Verspätung liegt in der Verquickung der Begriffe des angeblich wieder hergestellten römischen Reiches mit dem deutschen Reiche, dessen fingierte Hauptstadt in Italien lag, dessen Träger aber Deutsche waren.

Vor Otto dem Großen ist weder von einem römischen, noch von einem deutschen Reiche die Rede. Karl der Große war nicht deutscher, sondern fränkischer König und nahm die Kaiserkrone, mit der ihn der Papst überraschte, um sie als sein Geschenk erscheinen zu lassen, die er aber lieber von den Römern und Franken empfangen hätte, nur an, um seinem fränkischen Reiche mehr Glanz zu verleihen. Otto der Große ist vielmehr der Gründer des alten deutschen Reiches, wie wir es jetzt nennen, oder des römischen Reiches deutscher Nation, wie es sich selbst nannte, freilich mit diesem Wortlaute erst viel später. Seit seiner Zeit nannte sich der deutsche König „römischer König" ehe, und „römischer Kaiser", nachdem er die Krone des fingierten Reiches in Rom empfangen hatte. Ein Reich ist dieses sogenannte römische nie gewesen. Deutschland und Italien waren besondere, oft nur in einer scheinbaren und oft in 'einer sehr bestrittenen Personalunion stehende Reiche, und auch dies niemals in ihrem vollen Umfange, das näher nachzuweisen uns zu weit führen würde.

Für unsern Zweck ist es der wichtigste Umstand, daß unter Otto dem Großen, diesem wirklich großen und genialen Monarchen, der weit mehr politische Initiative hatte als Karl der Große, dem mehr das Waffenglück lächelte, daß, sagen wir, unter jenem Kaiser der Name „deutsch" als Name des Landes und Volkes in Aufnahme kam. Als Bezeichnung der Sprache ist er nun mehr als ein Jahrhundert älter. Schon zur Zeit Karls des Großen nannte man die deutsche Sprache im Gegensatze zur lateinischen, als derjenigen der Gelehrten, die Volkssprache, lingua diutica oder idioma theutiscum. Es kommt dies vom gotischen thinda. Volk (jauskr. tu, etwas gelten), was nach dem Gesetze der Lautverschiebung im Althochdeutschen zu diot und nach dem der Lautabschwächung im Mittelhochdeutschen zu diet wurde. Wechselt auch in letzterer Sprachform diutisch, diutsch mit tintsch ab, so widerspricht die Schreibung mit t dem genannten Sprachgesetze und erklärt sich wohl aus einer gelehrten Liebhaberei. Denn unter Otto I. finden wir als Bezeichnung der Deutschen die Form Teutonici und als solche des Landes: regnum teutonicum, — obschon man seit einem Jahrtausend vor dieser Zeit von den Teutonen nichts gehört hatte. Freilich mag der Name dieses kleinen Volksstammes der Urzeit wohl auch von thinda. Volk, hergeleitet sein. Der Beiname Ludwigs des „Deutschen" findet sich erst im 18. Jahrhundert; in seiner eigenen Zeit hieß er Ludovicus Germanicus, weil er ungefähr die Germania der Römer beherrschte. Auch später noch sprachen und schrieben die Gelehrten von „Germanen"; aber ihre „Teutonen" wechseln mit dem richtigern „Theotisci" ab. Dieser Name, der im Italienischen abgeschwächt (Todeschi) geblieben ist, ertönte indessen früher im Munde der Fremden als der Einheimischen, unter denen er erst im 11. Jahrhundert gebräuchlich wurde. Um 1080 findet sich zuerst der Ausdruck: Teutonica patria. Und doch, — grausame Ironie des Schicksals! — war dies gerade die Zeit, in der diese patria sich aufzulösen begann. Noch unter der starken Regierung Heinrichs III. hatte sich das Reich in einer strammen Einheit befunden, und zwar in schroffem Gegensatze zu der Adelsanarchie, in welcher Frankreich unter den schwachen Kapetingern jenes Jahrhunderts seufzte. Nicht hundert Jahre vergingen, und das Verhältnis hatte sich völlig umgekehrt! Daß es dahin kam, dazu haben verschiedene Umstände beigetragen. Der schlimmste, derjenige, der auf Jahrhunderte hinaus Deutschland unglücklich machte, war die Zeit der Minderjährigkeit Heinrichs IV., der aus einem verzogenen, durch Priesterhand der Mutter geraubten Knaben zum selbstsüchtigen, leichtfertigen Jüngling und endlich zum schwachen, haltlosen Manne und unbeliebten Herrscher wurde. Unter dieser Mißregierung einer Frau, zweier Prälaten und eines Schwächlings sank das Kaisertum von der ersten Stelle im fiktiven Reiche zur zweiten herab, und das Papsttum nahm die erste ein, unterstützt von den Stammes= fürsten, die keinen Zügel mehr fühlten und nach voller Unabhängigkeit strebten. Das Stammesbewußtsein war unter den Deutschen noch stärker als das Nationalbewußtsein, dem die Verschiedenheit der ziemlich rein erhaltenen Stämme hinderlich war, während den Franzosen, als einem Mischvolke, eigentliche Stämme fehlten und sie überdies durch die lange römische und fränkische Vergangenheit an politische Einheit gewöhnt waren, vor der und vor deren Ausdruck, dem Königtum, die Einzelfürsten zurückzutreten gezwungen waren. Durch die Verbindung Deutschlands mit der Kaiserkrone war dieses ferner an das Papsttum gebunden, welches dieselbe zu einem Gnadengeschenk machte und darum den deutschen Königen die kirchlichen Befugnisse vorenthielt, die es den französischen verschwenderisch preisgab, weil es sie stets als Bundesgenossen gegen die störrischen Deutschen brauchen konnte. Dazu kam endlich noch, daß an den Kreuzzügen die französischen Fürsten sich stark beteiligten, während die deutschen durch die päpstlich=kaiserlichen Verwickelungen zurückgehalten wurden, so daß jene sich im Morgenlande aufrieben, diese aber im eigenen Lande erstarkten.

Auch nachdem Friedrich I. Barbarossa das mächtige Herzogtum durch die Niederlage Heinrichs des Löwen niedergeworfen hatte, wurde es mit der Einheit Deutschlands nicht besser, vielmehr schlimmer. An die Stelle der Herzoge traten, und waren teilweise bereits getreten, die Fürsten, die unter, und die Bischöfe, die neben ihnen bereits festere Landeshoheiten, wenn auch geringere Gebiete besaßen als die Herzoge; die Kaiser und Könige hatten selbst diese kleineren Herren zum Kampfe gegen die Herzoge benutzt und großgezogen. Damit war die Viel= und Kleinstaaterei zum unüberwindlichen Übel geworden und wurde es immer mehr, während in Frankreich die Einheit des Reiches immer fester wurde. Es entwickelte sich ein für den gewiegtesten Staatsmann unüber= sehbares Chaos von weltlichen und geistlichen Fürstentümern, Grafschaften und kleineren Herrschaften, von freien Städten und Landschaften, über welchen der Kaiser oder König bald nur noch wie eine Mythe aus alter Zeit schwebte und seine Rechnung nicht in Vergrößerung der Zentralgewalt, sondern nur noch in Schaffung einer Hausmacht suchen konnte. Der Ausgang der Staufer, mit welchem das alte Kaisertum begraben wurde, die „kaiserlose, die schreckliche Zeit", der Verzweiflungskampf zwischen den Habsburgern und ihren Gegnern (Nassau, Baiern, Luxemburg) waren ebenso viele Stufen der weitern Zersplitterung des Reiches, und als die Habsburger die Krone dauernd behielten, waren sie wohl mächtige Österreicher, aber ohnmächtige Kaiser und Könige. Die goldene Bulle Karls IV. hatte den Kaiser-König geradezu von den Kurfürsten abhängig gemacht. Die Reformen Maximilians I. konnten die Kaisergewalt nicht mehr stärken. Die Reformation konnte diese Verhältnisse nicht mehr verschlimmern, wie ihre Gegner behaupten; sie fügte nur zur allgemeinen Zersplitterung noch ein neues Moment, die Religionsverschiedenheit, die aber im Keime bereits schon früher als Widerstreit der päpstlichen und antipäpstlichen Strömungen vorhanden war. Dies hat sie aber reichlich gut gemacht, indem vorzüglich durch sie, besonders durch Luthers Bibel, eine gemeinsame Schriftsprache in deutschen Landen sich Bahn brach. Überdies haben die Religionskriege weit mehr politischen, als konfessionellen Charakter an den Tag gelegt. Von einer Reichsregierung war keine Rede mehr; die Reichsjustiz des Kammer-, vulgo Jammergerichts wurde zum Gespötte, und nach dem entsetzlichen Elend des dreißigjährigen Krieges kam es so weit, daß das einst so mächtige Reich in etwa hundert weltliche, ebensoviel geistliche Fürstentümer, über sechzig Reichsstädte, etwa 150 kleine Grafschaften und Abteien und über tausend halb- und vierteljouveräne Reichsritterschaften zerfiel. Das jetzige Würtemberg bestand damals aus 78 Staaten. Und das war noch nicht das Schlimmste. Nicht weniger als drei Viertel des Reiches standen unter auswärtigen oder solchen deutschen Fürsten, die ihren Schwerpunkt außerhalb Deutschlands hatten. Schweden beherrschte die Oder-, Elb- und Wesermündung, Dänemark Schleswig und Holstein; die Kaiser selbst trugen die ungarische, die Kurfürsten von Hannover die englische, die von Brandenburg die noch nicht zum Reiche gehörende preußische, die von Sachsen die polnische Krone, welcher sie den Glauben ihrer Väter opferten. Nassauische Fürsten waren Erbstatthalter der vom Reiche abgelösten Niederlande, Frankreich besaß Elsaß und Lothringen und die geistlichen Fürsten standen unter dem Papste. Der permanente Reichstag in Regensburg war daher wohl mit Recht ein europäischer Kongreß zu nennen, und es ist gewiß den Schweizern nicht zu verübeln, daß sie von einem so zusammenhangslosen Gemeinwesen sich immer mehr und zuletzt auch noch formell abgelöst hatten.

Aber ungeachtet dieser trostlosen Resultate einer nicht viel weniger als tausendjährigen politischen Entwickelung wuchs ganz im stillen, fern vom Getümmel der Waffen und der diplomatischen Aktion, eine zarte Pflanze zum festen und starken Baume des deutschen Nationalgefühls empor. Es war die edle Pflanze der deutschen Sprache und der Volkssage. Schon vor Ende des 12. Jahrhunderts hatte sich die Wunderblume der mittelhochdeutschen Dichtung zu einer allgemein deutschen entfaltet. Nicht nur Schwaben und Baiern, auch Franken und Sachsen nahmen an ihrer Blüte teil. Ein Niederdeutscher, Heinrich von

Veldeke, war es sogar, der „das erste Reis in deutscher Zunge impfete", das auf der thüringischen Wartburg und am Hofe Heinrichs des Löwen gepflegt wurde, die niederrheinische Siegfriedsage an die Donau führte und die Kudrun von der Nordsee her zu den Alpen leitete. Den klarsten Ausdruck gab dem in dieser Poesieblüte sich offenbarenden nationalen Geiste wohl Walter von der Vogelweide, indem er sang:

> tiuschiu zuht gât vor in allen.
> — — — — — — — —
> tiusche man sint wol gezogen,
> rehte als engel sint diu wip getân.
> swer sie schiltet, der ist betrogen;
> ih enkan sin anders niht verstân.

Und als diese goldene Dichter- und Sängerzeit verklungen, da trat in der Stille des Volksherzens die Sage an ihre Stelle. Dieselbe suchte und fand ihren Helden in dem schärfsten Gegner der römischen Hierarchie, in Kaiser Friedrich II. Alles was deutsch war, hätte sich gern um ihn gesammelt, wenn er mehr für Deutschland als für sein Sicilien gefühlt hätte. Das Volk konnte an seinen Tod nicht glauben; es fühlte, daß mit ihm der letzte Kaiser starb. Die Sage ließ ihn fortleben, und dies benutzten falsche Friedriche, nicht ohne Unterstützung der damals papstfeindlichen Minoriten= mönche. In verschiedenen Bergen, namentlich aber im Kiffhäuser, in welchem schon nach älterer Annahme der Gott Wodan schlafen sollte, erwartete der Kaiser nach dem Volksglauben seine Zeit. Später erst wurde die Sage auf den ersten Friedrich, den Rotbart, übergetragen.

So schlummerte die Hoffnung auf deutsche Einheit, ohne daß die Welt sich um sie kümmerte, Jahrhunderte lang. Wir finden höchstens in der Zeit des Beginns der reformatorischen Bewegung bei dem unglücklichen Ulrich von Hutten ein lebhaftes deutsches Nationalgefühl. Erst nach dem westfälischen Frieden erhielt dasselbe Ausdruck in der Presse, und zwar zuerst durch die Staats= rechtslehrer. Samuel von Pufendorf deckte 1667 zuerst die Widersinnigkeit der damaligen Reichszustände auf, und eine zahlreiche Schule folgte ihm, so sehr auch Optimisten, blind gegen die Thatsachen, den faulen Reichskörper zu verherrlichen suchten. Das Volk verstand von diesem Streite nichts und stand ihm gleichgültig gegenüber, selbst die gebildeten, welche außerhalb des politischen Getriebes lebten, blieben demselben fremd. Die Dichter und Gelehrten des 18. Jahrhunderts lebten und webten in einem kosmopolitischen Wolkenkukuks= heim. Unter „Vaterland" verstand man entweder seine engere Heimat oder verband damit einen ganz unklaren Begriff. Und doch waren Thomasius und Wolf unbewußte Anwälte ihrer Nation, als sie begannen, in deutscher statt lateinischer Sprache zu lehren.

Gerade zu dieser Zeit aber wurde der Versuch einer praktischen Lösung des gordischen Knotens der deutschen Einheitsfrage begonnen, der nachher zum überraschenden Ziele geführt hat. Es ist die Gründung des preußischen Staates. Brandenburg, das sich mit der Erbschaft des deutschen Ordens in Preußen verbunden, war in der Zeit der religiösen Streitigkeiten und der auf diese folgenden Unterdrückung aller derjenigen, die sich dem scheußlichen Grundsatze: Cujus regio, ejus religio nicht fügten, der einzige deutsche ja europäische Staat von Bedeutung, der es verschmähte, das Gewissen seiner Unterthanen mit Gewalt nach seinem Belieben regeln zu wollen. Der Große Kurfürst riß dieses Gemeinwesen aus der Kleinstaaterei heraus und führte es trotz seiner Kleinheit in die Bahnen der großen Politik ein. Friedrich I. gab ihm den Königstitel und einen bis dahin unerhörten, nur in Dresden übertroffenen Glanz, Friedrich Wilhelm I., der mit Unrecht bloß als gekrönter Exerziermeister verschrieene, schuf die preußische Armee und die geordneten Finanzen des Staates; Friedrich der Große erhob ihn zur europäischen Großmacht und hauchte ihm die Ideen der Aufklärung ein. Preußen war bereits der größte Staat des Reiches nach den Besitzungen des Hauses Österreich, und da diese noch kein einheitlicher Staat waren, so war es der erste Staat dieser Art. Denn obschon er aus verschiedenartigen, nicht aneinander grenzenden Teilen bestand, erhielt er eine gemeinsame Regierung und die in ihm geltenden Rechte wurden in das „allgemeine Landrecht" zusammengefaßt. Friedrich der Große gab diesem immer einheitlicher organisierten Staate den gemeinsamen Namen „Preußen". Es war, als sollte durch die Benennung nach einem außerhalb des Reiches liegenden Lande die Unabhängigkeit von dem zerbröckelnden Reichskörper einen Ausdruck bekommen. Auch in den zum Reiche gehörenden, aber erst mit der Zeit den Slawen abgenommenen Marken hatten sich noch manche alte Einrichtungen erhalten, welche in den älteren Reichslanden durch das Feudalsystem untergegangen waren. Noch gab es dort einen volksmäßigen Heerbann, der, durch angeworbene Söldner verstärkt, die Grundlage zu der spätern allgemeinen Wehrpflicht abgab, schon damals aber, mit der Landwehr hinter sich und dem Landsturm hinter dieser, zu einer völlig militärischen Organisation des Staates führte. Diese und ein musterhaftes, pflichttreues Beamtentum gaben Preußen den Charakter, der unter einer rauhen und herben Außenseite einen äußerst tüchtigen innern Kern verbarg. Durch diese beiden Faktoren wurde „über die Köpfe der Grundherren weg" ein unmittelbares Verhältnis zwischen dem König und dem Volke hergestellt, und die willigen Grundherren fanden annehmbare und einflußreiche Stellungen als Beamte und Offiziere; aber sie mußten, um diese zu erhalten, ihre Fähigkeiten durch Prüfung bekunden, und als Richter sich einen vom

Staate geprüften Juristen beigeben lassen. Jeder Unterthan erhielt das Recht, sich über den Gutsherrn zu beklagen und das geflügelte Wort entstand: „es giebt Richter in Berlin". Die vielfach in Verfall geratenen Städte verloren die in Kleinlichkeit ausgeartete Willkür in ihren Einrichtungen und wurden, bei Wahrung ihrer eigenen Verwaltung unter die Aufsicht des Staates gestellt. Allgemeine Rechtsgleichheit der Staatsangehörigen bestand im preußischen Staate früher als irgendwo im Reiche und schon vor der französischen Revolution. Lange vor dieser konnte bekanntlich in Preußen jedermann „nach seiner Façon selig werden". In Preußen zuerst wurde die allgemeine Schulpflicht, wenn auch noch nicht durchgeführt, doch im Grundsatze ausgesprochen. Das Feudalsystem hat sich hier zuerst ausgelebt; hier zuerst im Reiche wurden die Folter und die Hexenprozesse abgeschafft. Die ersten besseren Straßen, die ersten regelmäßig Tag und Nacht fahrenden Posten sah Preußen. Der erste ausgeführte Kanal in Deutschland verband schon unter dem Großen Kurfürsten Oder und Elbe, und unter dem Alten Fritz wurden auch Oder und Weichsel verbunden. So sorgte schon damals Preußen, das im Westen, in der Mitte und im Osten Norddeutschlands vertreten war, für die Herstellung eines geordneten Verkehrs im Reiche; auch war es der erste deutsche Staat, der in seinem Gebiete ein gemeinsames Münzsystem, die Thalerwährung einführte. Die von Preußen eingeschlossenen oder an selbes angrenzenden Kleinstaaten konnten nicht anders, als an diesen Verbesserungen teilnehmen oder sie nachahmen.

Es konnte nicht fehlen, daß das Emporstreben Preußens im gesamten Reiche Aufsehen erregte, hier Bewunderung, dort Neid und anderwärts Haß hervorrief. Als Friedrich der Große sich, ungeachtet mit Siegen abwechselnder Niederlagen, gegen das verbündete halbe Europa hielt und zum erstenmale ein deutscher Fürst ein vollständiges Flußsystem, das der Oder, von den Quellen bis zur Mündung behauptete, während er zugleich an Weichsel, Elbe und Rhein und an der friesischen Nordseeküste gebot, da feierte die große Mehrheit der Deutschen den Helden in einem Grade, den seit Maximilian 1. kein Kaiser erstiegen hatte. Die Dichter, die seine Thaten besangen, wie Gleim, Ramler und Kleist, die Philosophen, die in populärer Weise, durch den Ruhm des Preußenkönigs angeregt, die Vaterlandsliebe priesen, wie Abbt und Zimmermann, waren, wenn auch nur Plänkler und Vorposten, doch die Pioniere des in staunenswerter Weise rasch aufblühenden Schrifttums der Klopstock und Lessing, die zwar Friedrichs Vorliebe für die französische Litteratur abstieß, in deren Werken aber Friedrichs Ruhm seinen Schatten warf. Wir brauchen nur anzudeuten, wie derselbe das erste deutsche Lustspiel „Minna von Barnhelm" durchwehte.

Das Projekt Friedrichs des Großen, durch einen „Fürstenbund" die Vergrößerung der österreichischen Hausmacht zu verhindern, weckte den ersten Gedanken eines norddeutschen Kaisertums unter Preußen, der aber ohne Folgen blieb. Der jugendkräftige Ansturm der französischen Revolution nach des Heldenkönigs Tode riß in das Verhängnis des morschen, alten Reiches auch Preußen hinein. Es war, als ob die Deutschen unempfindlich waren gegen die Schmach dieser Katastrophe, während doch zu gleicher Zeit die deutsche Dichtung in Goethe und Schiller, die deutsche Philosophie in Kant und die Grundlinien deutscher Pädagogik in Pestalozzi ihre höchsten Triumphe feierten. Gänzliche Unempfindlichkeit, völlige Willenlosigkeit auf politischem Gebiete schienen Platz gegriffen zu haben; man schien einen Zusammenhang zwischen den Ideen der Jungfrau von Orleans, Wallensteins und Wilhelm Tells in den thatsächlichen Zuständen nicht zu ahnen. Es war, als ob die Romantik der Schlegel und Tieck und die Phantastik Jean Pauls die ganze Nation eingeschläfert hätte. Nicht einmal eine Satire hat die Wende der Jahrhunderte hervorgebracht. Es bedurfte der brutalen Zerstückelung und rücksichtslosen Beherrschung Deutschlands durch die Franzosen, um die Geister der Nation zum Widerstande zu entflammen. Mit Schrecken sah man die Folgen des nebelhaften Kosmopolitismus, der im vorigen Jahrhundert sein Wesen getrieben, in der Form einer absoluten Herrschaft des Franzosentums und der Weltherrschaft eines korsischen Briganten hereinbrechen. Und da war es abermals Preußen, das den Antrieb zum Erwachen der Nation gab. Dort vollendeten Stein und Hardenberg auf politischem, Scharnhorst, Gneisenau und Clausewitz auf kriegerischem Gebiete die Reformen der Könige des 18. Jahrhunderts. Dort schuf der alte Jahn die Turnkunst, begann Arndt, die Erhebung Deutschlands gegen die Fremdherrschaft zu predigen, kleidete Fichte diese Predigt in das Gewand der Wissenschaft, rüttelte Heinrich von Kleist, selbst vor Schmerz untergehend, die Geister durch seine Hermannsschlacht empor, begannen die Brüder Grimm ihr Werk der deutschen Sprachwissenschaft. In der Dichtung der Körner, Rückert und Schenkendorf feierte die Sage vom wiederkehrenden Kaiser ihre Auferstehung.

So herzergebend und glorreich die Erhebung des deutschen Volkes unter Preußens Führung gegen den vom Kaiserwahnsinn ergriffenen Völkerschlächter im Jahre 1813, so niederdrückend und beschämend waren die auf diese Erhebung folgenden Zustände. Die Selbstsucht der wiederhergestellten Regierungen benutzte die Unklarheit über die drei Fragen, in welchem Umfange, unter welcher Form und unter wessen Leitung Deutschland zu reorganisieren sei, zur Errichtung einer möglichst unvolkstümlichen politischen Gestaltung des Landes. Jugendliche Unbesonnenheit, ja teilweise Kopflosigkeit unter den

Studierenden verschlimmerte die Sache und gab die willkommensten Vorwände zu einer an Strammheit wachsenden Reaktion, deren Geschichte zu dem traurigsten gehört, was Deutschland erlebt hat. Der deutsche Bund von 1815, wenn er auch bloß noch 39 Staaten zählte, war doch eine nur wenig verbesserte Auflage des alten Reiches in seiner spätern und schlimmern Zeit. Abermals waren die Könige von Ungarn, England, Holland und Dänemark Mitglieder des Bundestags zu Frankfurt am Main, und das deutsche Ostpreußen nebst dem vorwiegend polnischen Westpreußen und Posen war vom Bunde ausgeschlossen, der dagegen das in Mehrheit tschechische Böhmen und Mähren, das slowenische Krain, das italienische Istrien und Südtirol umfaßte. Jeder Gedanke an deutsche Einheit war Staatsverbrechen. Und doch ist dieselbe in jener traurigen Zeit von dem Staate vorbereitet worden, der neben demjenigen des „mitternächtigen" Metternich die Fesseln, unter denen das Volk schmachtete, am schärfsten geschmiedet hatte. Wir meinen die Gründung des Zollvereins durch die preußische Regierung, dessen allmähliche Zunahme, freilich veranlaßt durch materielle Interessen, doch zeigte, wie stark der Drang nach größerer Einheit war, und die Gebildeten im Volke sprachen dies auch entschieden aus.

Österreich blieb dem Zollvereine fern, und das war verhängnisvoll für seine und Deutschlands Zukunft. Die Deutschen konnten damals Vergleichungen zwischen den zwei größten Staaten des deutschen Bundes anstellen. Obschon beide von reaktionärem Geiste beseelt, waren sie doch durch die tiefsten Charakterzüge von einander unterschieden. Preußen war bis auf einen kleinen Bruchteil von Polen und Litauern deutsch, und gerade die Zerrissenheit seines Gebietes, durch Ränke am Wiener Kongreß ihm aufgenötigt, setzte es mit allen deutschen Stämmen in die nächste Verbindung. Österreich dagegen hatte nicht nur den größten Teil seines weiten und wohlabgerundeten Reiches außerhalb Deutschlands, sondern auch in diesem selbst bildeten die Deutschen nur eine knappe und fragliche Mehrheit unter den Angehörigen des Doppeladlers und gehörten mit wenigen Ausnahmen einem einzigen Stamme an. Und welcher Unterschied im Heerwesen! In Preußen sah man in allen Garnisonen nur deutsche Landeskinder, darunter wenig Nichtdeutsche. In Österreich kamen wohl Magyaren oder Kroaten nach Tirol, Italiener nach Böhmen, galizische Polen und Ruthenen nach Wien, Tschechen nach Triest. Es war ein Sprachen- und Völkergemenge wie in Wallensteins Lager. In Preußen war die allgemeine Wehrpflicht eingeführt und der Sohn des Ministers ihr unterworfen wie der des Tagelöhners: in Österreich herrschte das Konskriptionssystem, durch das die Reichen und Vornehmen sich loskaufen konnten. In Preußen blühte Gewerbefreiheit und städtische Selbstverwaltung, in Österreich nicht. Dort waren Leibeigenschaft und Roboten aufgehoben, hier bestanden sie noch.

Preußen erfreute sich der Religionsfreiheit für alle Konfessionen, während in Österreich, was nicht katholisch war, scheel angesehen, wenn nicht verfolgt wurde, wie die Zillerthaler, die noch 1837 das Schicksal der protestantischen Salzburger vor hundert Jahren wiederholten und in preußisch Schlesien Aufnahme fanden. Eine solche servile Unterthänigkeit, wie sie durch Metternichs Kreaturen dem Volke sogar durch politische Katechismen eingerichtet wurde, war in Preußen, wo die Beamten nur ein Gefühl, das der Pflichttreue kannten, völlig fremd. Endlich war nicht vergessen, daß Preußen auf eine innigere Einheit losgesteuert, Österreich aber diese verworfen hatte; ja Metternichs Plan war sogar gewesen, in Deutschland so wenig eine Art Bund zu dulden wie in Italien. Beide sollten bloß geographische Begriffe und nur Österreich eine Einheit sein.

Leider sollten diese Vorzüge Preußens nur für die Zukunft, nicht aber für die damalige Gegenwart ihre Wirkung ausüben. Es gelang der perfiden Diplomatie Metternichs, in Preußen die Schöpfung einer Verfassung zu hintertreiben und diesen Staat in Österreichs Schlepptau zu nehmen. Die Gemüter der vorwärts strebenden Deutschen wurden beiden deutschen Großmächten in gleichem Maße abgeneigt, und die Folge war, daß unpatriotische Stimmungen einrissen und Sympathieen mit England und Frankreich, wo freiere Zustände herrschten, immer weiter um sich griffen. Ja, nach der Julirevolution kam noch Begeisterung für die Polen dazu, obschon es sich bei dieser Nation damals nur um eine klerikale Aristokratie handeln konnte, der man willkürlich und ohne Grund liberale Ansichten zuschrieb. Die schroffen Maßregeln, welche die Regierungen nach dem harmlosen Hambacherfeste und dem ungefährlichen Frankfurter Putsche für nötig erachteten, machten noch böseres Blut als schon vorhanden war und führten der demokratischen Richtung täglich neue Anhänger zu; ja auch auf religiösem Gebiete wuchsen die der Orthodoxie abgeneigten Grundsätze riesig an, und seltsamer Weise erhob sich zu gleicher Zeit mit dem Geiste religiöser Kritik und Negation auch der entgegengesetzte Pol des Ultramontanismus, der in Baiern die Herrschaft erlangte, in Preußen aber durch herbe Maßregelungen gegen renitente Bischöfe zu Paaren getrieben wurde.

Unter diesen Konstellationen folgte 1840 auf dem preußischen Throne dem schlichten Friedrich Wilhelm III. sein romantisch und hyperideal angelegter Sohn Friedrich Wilhelm IV. Sein lebhafter Geist und Witz und seine glänzende Redegabe verdeckten eine Zeitlang seinen Mangel an Willens- und Thatkraft und seine völlig unhohenzollersche Abneigung gegen das Militärwesen, dem er die Kunst weit vorzog, in deren verschiedenen Gebieten er in hohem Maße bewandert war. Er schwärmte für ein Mittelalter, wie er es sich vorstellte, wie es aber niemals existiert hat, und erblickte in jedem, auch dem geringsten politischen Fortschritte das Schreckgespenst der Revolution. Sein religiöser Standpunkt streifte nahe an den Katholizismus, dessen „Märtyrer" unter seinem Vater er sofort begnadigte. Ein schärferer Kontrast als zwischen ihm und Friedrich dem Großen ließ sich nicht denken. Die Hoffnungen, die man auf ihn infolge seiner Amnestien zu einer Zeit setzte, da die Franzosen bei Anlaß der orientalischen Frage in ihrer beliebten unhistorischen Manier nach dem linken Rheinufer schrien, was zum erstenmale seit 1813 eine gleichgestimmte vaterländische Erregung in Deutschland hervorrief, wurden bald getäuscht, als er sich freiwillig und vollständig Österreich unterwarf. Die Folge war, daß die radikale Strömung immer mehr anwuchs und sich in Schriften und Versammlungen immer entschiedener äußerte. Es half nichts, als 1847 der König von Preußen das bisher ungelöste Versprechen einer Verfassung von seiten seines Vaters durch Einberufung eines nach Ständen gegliederten „Vereinigten Landtags" zu erfüllen glaubte, und dies um so weniger, als er zugleich erklärte, daß er das Eindringen eines „beschriebenen Blattes" zwischen Gott und das Land niemals zugeben werde. Unter den Verteidigern des königlichen Standpunktes befand sich damals Herr von Bismarck-Schönhausen, dessen Namen man zum erstenmale öffentlich nennen hörte. Die große Mehrheit der Stände verlangte mehr und besseres, und das Volk stand hinter ihr. Außerhalb Preußens nahm die Abneigung gegen diese Macht im Sturmschritte zu, wurde aber wo möglich von der gegen das Metternichsche Österreich übertroffen. Endlich gab die Niederwerfung des Sonderbundes und die Austreibung der Jesuiten in der Schweiz das Signal zum Ausbruche der Revolution. Schon im September und Oktober 1847 verlangte die Volksversammlung in Offenburg radikale Reformen und eine Notabelnversammlung in Heppenheim ein deutsches Parlament, welches Bassermann am 12. Februar 1848 in der badischen Kammer förmlich beantragte. Der Ausbruch der Februar-Revolution in Paris hat also diese Bewegung nicht erst hervorgerufen; wohl aber würde sein Ausbleiben sie maßvoller und daher auch wirkungsvoller gestaltet haben. So aber irrte die deutsche Erhebung haltlos zwischen liberalen Forderungen und sozialistisch-kommunistischem Utopismus hin und her, und einige Zeit herrschte thatsächlich in weiten Gauen Deutschlands die Anarchie. Die Hecker, Struve und Blum verlangten die Republik, die Gagern und Dahlmann ein deutsches Kaisertum; das beste war aber, daß die Mächte, welche, wie H. v. Sybel sagt, dreißig Jahre lang ihren Völkern die politische Freiheit versagt oder verkümmert hatten, ihr bisheriges System teils gezwungen, teils nachgebend opfern mußten. Großen Jubel erregte der Sturz Metternichs; peinlich berührte jeden fühlenden Menschen das blutige Jug. Mißverständnis in Berlin, das die

Schwäche des Königs so recht drastisch beleuchtete, den aber die nach metternichsche Regierung in Wien mit Worten verhöhnte, welche einem roten Revolutionär angestanden wären. Wie isoliert der bedauernswerte Herrscher in der Neuzeit, die er nicht begriff, da stand, zeigt der Vorschlag einer Reichsverfassung, den er an Dahlmann sandte. Dieser hatte von den 17 Vertrauensmännern, die der Bundestag in Frankfurt zugezogen, den Auftrag zum Entwurf einer solchen Verfassung erhalten und schlug in diesem ein Erbkaisertum vor, das deutlich, ohne ihn zu nennen, auf den König von Preußen hinzielte und Österreich ausschloß, also so ziemlich das in Aussicht nahm, was mit der Zeit (nach 23 Jahren) geworden ist. Was that aber Friedrich Wilhelm IV.? Er schlug vor, den Kaiser von Österreich als „römischen Kaiser" (ohne Rom!) zu proklamieren, d. h. in Wahrheit als Scheinkaiser, und ihm für die wirkliche Regierung einen „teutschen König" beizugesellen. Andere Projekte folgten, keines wurde mehr als Papier; keiner der Fürsten wollte etwas von seinen Rechten opfern; die Süddeutschen wollten nichts von einem Kaiser wissen, die Republikaner überhaupt nichts von Fürsten. Übel stimmte dazu das Gepränge, mit welchem am 18. Mai 1848 die sog. Nationalversammlung, oder wie man sie nennen will, in Frankfurt eröffnet wurde, dieses Parlament schwatzseligen und thatlosen Angedenkens. Große Hoffnungen für die Einigung und Größe Deutschlands begleiteten dasselbe, die nur zu frühe zu Wasser wurden. Die Versammlung bestand in der That aus den Besten der Nation, aber auch einem Haufen minorum gentium. Die Mehrheit war monarchisch und fortschrittlich, zwei kleine Minderheiten hier republikanisch, dort reaktionär. Viel Beifall fand Anfangs der Vorschlag eines dreigliedrigen Direktoriums, in welchem Österreich, Preußen und die kleineren Staaten vertreten wären. Aber bald bewog die fortdauernde Anarchie den Präsidenten Heinrich von Gagern zu dem Plane, einen Reichsverweser aufzustellen, welcher Plan schrittweise anwuchs und am 29. Juni zur Wahl des Erzherzogs Johann von Österreich führte.

Es ging aber nicht lange, so wurde das Paulskirchenparlament mit seiner unermüdlichen Redewut ein Gegenstand der Verachtung und der Reichsverweser ein solcher des Hohns der revolutionären Partei, welche stets weiter griff und stärker wurde, aber niemals zu einer einheitlichen Handlung und eben sowenig zu einem klaren Plane dessen gelangte, was nun zu thun sei. In Baden und Posen wütete der Aufstand, in Berlin herrschte das Proletariat, in Sachsen und Thüringen hatten terroristische Vereine das Ruder in der Hand. „Seit dem März, sagt Sybel, stockte Handel und Wandel in allen deutschen Landen. Niemand hatte Vertrauen auf den folgenden Tag; kein Fabrikant oder Kaufmann wagte ein nicht sofort realisierbares Geschäft;

alle Besitzenden hielten ihr Geld zurück.... Die Einnahmen der Fabrikarbeiter sanken bei der Unthätigkeit der Fabriken, trotz aller Manifeste über die angeborenen Menschenrechte und das unantastbare Recht auf Arbeit und Arbeitslohn." Es drohte auf der einen Seite eine Reaktion der Besitzenden, auf der andern eine Revolution der Besitzlosen. Es bedurfte nur eines Funkens, um das Pulverfaß auffliegen zu machen, und dieser fand sich, als der Krieg für Schleswig-Holstein gegen Dänemark, die einzige Sache, in der ganz Deutschland bisher einig gewesen, — durch den nachteiligen Vertrag von Malmö unterbrochen wurde. Die Nationalversammlung, die denselben erst verworfen hatte, nahm ihn doch wieder hin, worauf ein von den Demokraten längst bereit gehaltener Pöbel die Revolution in Frankfurt entfesselte und die beiden Abgeordneten Lichnowsky und Auerswald mit kannibalischer Grausamkeit ermordete. Noch am selben Abend aber wurde der Aufruhr niedergeschlagen. Durch diese Ereignisse hatte „das Ansehen der Nationalversammlung eine unersetzliche Schädigung erlitten". „Die über Deutschlands Zukunft entscheidende Kraft gehörte nur noch zum kleinern Teile der Paulskirche." Das größte Hindernis der von ihr mit rührender Ausdauer fortberatenen Reichsverfassung bestand in dem Verhältnis der deutschen und nichtdeutschen Länder Österreichs, während in Wien die Studenten und ihr Anhang herrschten und Ungarn in voller Revolution begriffen war. Im Oktober aber endigte die Revolution in der Hauptstadt, wo sie den Minister Latour in scheußlicher Weise gehängt hatte, in Blut und Schrecken vor den Truppen des Fürsten Windischgrätz und den wilden Kroaten des Ban Jellachich. Seit dem Septemberputsch war der Hauptsitz der Demokratie Berlin, wo Herr v. Bismarck umsonst den König zu energischem Handeln gegen die durchaus revolutionäre (gleichzeitig mit Frankfurt tagende) preußische Nationalversammlung zu bestimmen suchte. Was Bismarck nicht vermocht, das vermochten die Nachrichten aus Wien; aber ersterer stand hinter den Kulissen, als General Wrangel mit seinen Truppen in Berlin einrückte, die Versammlung auseinanderjagte und dem Regiment Brandenburg-Mantenffel die Wege ebnete, ohne daß sich in der Bevölkerung eine Hand dagegen erhob.

Während die Frankfurter Versammlung die Reichsverfassung mit einem Staatenhause und einem Volkshause ausbaute, unterhandelten auch die Fürsten unter sich über die künftige Gestaltung des Bundes oder Reiches. Österreich verlangte durch seinen Minister Fürsten Felix Schwarzenberg die Aufnahme seines gesamten Gebietes mit 30 Millionen Nichtdeutschen in das deutsche Reich und verwarf jede Volksvertretung, an deren Stelle sechs Staatengruppen, je unter einem König, mit gemeinsamen Ständeversammlungen treten sollten. Damit gewann Schwarzenberg die Königsstaaten außer Preußen, das jetzt an einer Volksvertretung festhielt. Die Frankfurter Versammlung aber, nach furchtbaren Redeschlachten zu dem Ergebnis gelangt, daß unter solchen Umständen von Österreich abstrahiert werden müsse und nur noch ein sog. Kleindeutschland mit Preußen an der Spitze möglich sei, wählte am 28. März 1849 mit 290 Stimmen (die übrigen 248 enthielten sich) den König von Preußen zum deutschen Kaiser, aber zu einem Kaiser unter parlamentarischer Vormundschaft. Es war daher nichts anderes zu erwarten, als daß Friedrich Wilhelm IV., der von der Revolution nichts annehmen wollte, der übrigens prunkvoll empfangenen Frankfurter Abordnung unter dem Präsidenten Eduard Simson erklärte, die Wahl ohne die Zustimmung der deutschen Fürsten und Freistädte sowohl zu der Wahl, als zu der Reichsverfassung nicht annehmen zu können. Österreich aber rief seine Abgeordneten aus Frankfurt ab, und der junge Kaiser Franz Josef erklärte die Unmöglichkeit, sich einem andern Fürsten zu unterwerfen und eine fremde Gesetzgebung in seinem Reiche zu dulden. Damit war auch der König von Preußen grundsätzlich einverstanden; denn er hielt nach wie vor an dem Vorrange Österreichs im Bunde fest. Als Reichsverweser wäre er an die Stelle des Erzherzogs Johann getreten; Reichserzfeldherr, wie er es nannte, wäre er gern geworden; aber ohne und gegen Österreich wollte er nicht handeln, und es konnte ihm nicht verborgen sein, daß seine Annahme den Krieg gegen Österreich bedeutet hätte, an dessen Seite auch Rußland, Baiern und Würtemberg getreten wären. Aber Würtemberg nahm jetzt, gezwungen von seinem Volke, gleich den vorausgegangenen Kleinstaaten die Reichsverfassung an, die dagegen Friedrich Wilhelm ausdrücklich verwarf. Alle nicht republikanischen Mitglieder der Nationalversammlung verließen Frankfurt, und die zurückbleibende Linke rief das deutsche Volk zur Revolution auf und zog nach Stuttgart, wo der seine erzwungene Nachgiebigkeit gern rächende König von Würtemberg sie auseinander jagte. Dem Aufrufe zur Revolution unter dem Vorwande der Reichsverfassung folgten die Stadt Dresden, einige preußische Städte, die bairische Pfalz und das Großherzogtum Baden. In kurzer Zeit warfen preußische Truppen diese vereinzelten Aufstände nieder. Nun schlug Friedrich Wilhelm dem von ihm verehrten Österreich eine Union zwischen diesem und einem unter Preußens Leitung gebildeten deutschen Bundesstaate vor. Schwarzenberg aber wies den Antrag rund zurück; Österreich wollte auf den Vorsitz im Bunde nicht verzichten. Merkwürdigerweise versuchte der preußische König dennoch, mit den übrigen Königen eine „Unionsverfassung" zu vereinbaren und 1850 einen Reichstag in Erfurt zu eröffnen; aber alles scheiterte an dem Widerwillen der Könige, sich Preußen unterzuordnen, und an dem „Stockpreußentum", welches in der preußischen Kammer Herr von Bismarck in seiner ersten mit Beifall auf genommenen Rede proklamierte, und am 16. Mai trat, — das war das Ende vom Liede, — der alte Bundestag in Frankfurt wieder zusammen, freilich nur erst teilweise, auf Österreichs Einladung, und hinter Preußens Rücken. Auf dies hin dachte der Prinz Wilhelm von Preußen, der nachmalige erste deutsche Kaiser, an Krieg mit Österreich und an das einstige Auftreten Preußens an der Spitze Deutschlands; aber sein königlicher Bruder, der erst ebenfalls entrüstet war, noch immer an seiner nicht zustande gekommenen „Union" festhielt und den Rumpfbundestag nicht anerkennen konnte, wollte Frieden um jeden Preis, wenn ihm von Österreich, das zum Kriege sehr geneigt war, nur irgendwelche Genugthuung gewährt würde.

Was heute ganz unmöglich und unglaublich wäre, geschah damals. Der König von Preußen suchte durch Graf Brandenburg die Hilfe und Vermittelung seines Schwagers, des in Warschau weilenden Zaren Nikolaus nach, — die Vermittelung eines unbeschränkten Selbstherrschers, des Verächters jeder Verfassung, in einer Verfassungsfrage, — des natürlichen Feindes jeder deutschen Einheit, in einer deutschen Einheitsfrage! In letztere wollte sich Nikolaus nicht mischen, hatte aber die Stirne, nicht nur das Aufgeben des Krieges für Schleswig-Holstein, sondern selbst Holsteins Entwaffnung, ja sogar das bewaffnete Einschreiten Preußens gegen dieses zu verlangen. Das hieß nichts anderes, als ein Druck des dänenfreundlichen Rußland zu Gunsten des gleichgesinnten Österreich auf Preußen zur Verhinderung jeder, auch der bescheidensten Entwickelung deutscher Einheit. Ja der Russe ließ durchblicken, daß er gegen eine Teilung Deutschlands zwischen Preußen und Österreich nichts einzuwenden hätte. Natürlich! Ein geteiltes Deutschland hätte ebensowohl in das Spiel Rußlands wie in dasjenige Frankreichs gepaßt! Was Rußland dagegen ablehnte, das Eintreten auf die deutsche Sache, das besorgte der ebenfalls mit seinem Kaiser in Warschau erschienene Schwarzenberg; für Österreich handelte es sich um den fernern ausschließlichen Vorsitz im Bunde und die Unterordnung Preußens, — also Demütigung dieser Macht auf allen Seiten! Noch mehr, es kam auch die kurhessische Frage hinzu. In diesem Lande, seit 1814 dem reaktionärsten in Deutschland, hatten der Kurfürst und sein Minister Hassenpflug (vulgo Hessenfluch) von dem Rumpfbundestage militärische Hilfe gegen das Land und dessen Verfassung erwirkt, was Preußen, weniger aus Sympathie für das kurhessische Volk, als aus Rücksicht auf die Schädigung der Verbindung zwischen seinen beiden getrennten Gebietsteilen, zu verhindern trachtete. Der Rumpfbundestag hatte das Einrücken bairischer Truppen in Kurhessen beschlossen, während in Preußen das Einschreiten gegen Hassenpflug und damit auch gegen den österreichischen Bundestag-Embryo sehr populär war; sogar der Minister Graf Radowitz war kriegerisch gestimmt; aber die

Aussichten eines Krieges waren für Preußen so ungünstig wie möglich. Der König wie Brandenburg hätten sich daher eher Österreich gefügt, und das bisher geteilte Ministerium beschloß in der That letzteres. Ehe aber dies Ausführung erhielt, waren preußische Truppen, vom Volke als Befreier begrüßt, in Kurhessen eingerückt, und am 8. November 1850 kam es bei Bronnzell zu dem Vorpostengefecht mit Baiern und Österreichern, in welchem nur der historische Schimmel auf dem Platze blieb. Weiter kam es nicht; Preußen gab in allem nach, hob die Union auf, und der reaktionäre Minister Manteuffel ging nach Olmütz, wo er sich dem Fürsten Schwarzenberg in allen Punkten unterwarf und Kurhessen wie Holstein preisgab. Daß alle diese Angelegenheiten gemeinsam von beiden Mächten geordnet werden sollten, darin erblickte der arme König einen Erfolg, und die konservative Partei war mit ihm gleicher Meinung; auch Herr von Bismarck zog damals noch ein Einverständnis mit Österreich allen Konzessionen an den Liberalismus oder, wie man damals sagte, an die Demokratie vor.

Die Neuordnung der streitigen Fragen wurde in Konferenzen zu Dresden ganz nach österreichischem Sinn geregelt, und alle Hoffnungen, die Preußen noch gehegt hatte, wurden gründlich niedergeschlagen, namentlich die in Olmütz noch unberührte auf Gleichstellung mit Österreich im Bunde. In Holstein wurde mit Österreichs und Preußens Hilfe die dänische Herrschaft hergestellt, Kurhessen nach dem Geschmacke des Kurfürsten und Hassenpflugs organisiert, der Bundestag im unverfälschten alten Geiste wieder eingerichtet. Preußen verhieß Österreich auf drei Jahre Hilfe in Italien. Die Verfassungen von 1848 wurden überall aufgehoben und die alten wieder eingeführt, den feudalen und klerikalen Elementen der größte Einfluß eingeräumt. Die Reaktion triumphierte auf allen Gebieten.

In diese traurige Zeit fällt die Entwickelung eines weltgeschichtlichen Charakters zu neuen Gesichtspunkten, welche einst die deutsche Frage lösen sollten. Otto von Bismarck-Schönhausen, seit 8. Mai 1851 Mitglied der preußischen Gesandtschaft am galvanisierten Bundestagsleichnam in Frankfurt, lernte in dieser Stellung schon früh die preußenfeindlichen Absichten Österreichs kennen und wurde aus einem Bewunderer ein Gegner dieser Macht, die er bisher irrigerweise für eine deutsche gehalten hatte. Nicht daß er für einen Bruch mit ihr gestimmt gewesen wäre; aber sein Ziel war die Befreiung Preußens von ihrer Vormundschaft. „Die korrekten Diplomaten, sagt Sybel, klagten, daß er oft so burschikos auftrete, oder wunderten sich, daß er höchst unbefangen die Haltung des künftigen Ministers schon jetzt annehme." „Ich wußte nicht", sagte er selbst 16 Jahre später im Reichstage, „daß ich in Zukunft eine Rolle spielen sollte; aber damals faßte ich den Entschluß, Deutschland von dem Joche Österreichs zu befreien." „Fürst Schwarzenberg", fügt Ducken bei, „hat den treuesten Verehrer Österreichs unter den Staatsmännern Preußens in den furchtbarsten Feind seiner eigenen Bundespolitik verwandelt." Indessen folgten sich die Ereignisse, ohne vorläufig Deutschlands Einheit zu berühren. Der Hohn gegen dieselbe fand 1852 einen gehässigen Ausdruck in der Auflösung und Versteigerung der deutschen Flotte von 1848, wogegen der Zollverein durch den Beitritt Hannovers und Oldenburgs vollständig wurde, Österreichs Versuch aber, demselben beizutreten und ihn zu beherrschen, scheiterte. Als im Osten der Krieg auf der Krim wütete, schlossen 1854 am 20. April Österreich und Preußen ein Schutz- und Trutzbündnis, „in welchem, sagt Ducken, Österreich zum letzten Mal die ganze Übermacht seines Einflusses auf den preußischen Hof zum Ausdruck brachte". Beide Monarchen verbürgten sich darin wechselseitig den Besitz ihrer deutschen und nichtdeutschen Lande gegen jeden Angriff. In Wahrheit war damit Preußen zum Vasallen Österreichs gegen Rußland für die Interessen der erstern Macht am Balkan gepreßt. Der Vertrag war ohne Wissen und Willen des Bundestagsgesandten von Bismarck geschlossen, der sofort darauf dachte, „ihn nicht nur unschädlich zu machen, sondern sogar zum Vorteile Preußens und Deutschlands auszubeuten". Ihm war es zu verdanken, daß Preußen und der Bund neutral blieben und sich weder von Rußland noch von Frankreich ins Schlepptau nehmen ließen. Mit Preußen an der Spitze widerstand der Bundestag am 8. Februar 1855 dem österreichischen Plane des Anschlusses an die Westmächte, und damit war der erste Schritt zur Abschüttelung der österreichischen Diktatur in Deutschland gethan. Bismarck war aber schon 1856 überzeugt, daß ein völliges Ende derselben nur durch einen Krieg zu erreichen wäre. Gerade damals begann auch die öffentliche Stimme in Deutschland sich mit dem Gedanken einer Reform der Bundesverfassung zu beschäftigen. In Österreich verstand man dies so, als müsse dessen Kaiser auch deutscher Kaiser werden. König Max von Baiern schlug dem Bundestage gemeinsames Heimatrecht, Münzwesen, Maß und Gewicht vor. Der sächsische Minister von Beust, welcher sich gegen jede Unterordnung der Bundesstaaten unter eine Centralgewalt verwahrte, fand wenig Beifall. Preußen war bis 1857 durch den Neuenburger Handel in Anspruch genommen; aber es erblickte in Beusts Ansichten, die von Österreich ein sehr günstiges Zeugnis erlangt hatten, eine gegen Berlin gerichtete Spitze. Bald nahm indessen die Erkrankung des Königs durch einen Schlagfluß alle Aufmerksamkeit in Anspruch, und im Oktober 1857 übernahm Prinz Wilhelm von Preußen die Regentschaft an seiner Stelle. Im Jahre 1848 mit Unrecht als der schärfste Reaktionär verschrieen und von der Revolution bedroht, war er, wie Sybel hervorhebt,

„nicht immer mit den Wegen der preußischen Politik zufrieden; nimmermehr wäre er nach Olmütz gegangen, nimmermehr hätte er preußische Truppen ohne scharfen Schwertschlag im Angesichte des Feindes das Feld räumen lassen". Auf Phantastik, Romantik und Haltlosigkeit folgte in dem zweiten der ungleichen Brüder die äußerste Realpolitik und Energie. Man lernte ihn bald als einen so milden und gerechten Regenten kennen, wie sie in der Geschichte selten sind. Jetzt wurde in Preußens Politik alles klar, praktisch und konsequent. So entschieden konservativ, so durchaus fern von jedem Gelüste nach Absolutismus war er, so fest und gewissenhaft hielt er sich an die zu Recht bestehende Verfassung. Im Konstitutionalismus die richtige Mitte zwischen England auf der einen, Kurhessen und Hannover auf der andern Seite zu finden, war sein Bestreben nach seinen eigenen Worten. Weit entfernt, mit Österreich Feindschaft zu suchen, strebte er nach Gleichberechtigung Preußens mit jener Macht im deutschen Bunde, von dessen Reformbedürftigkeit er fest überzeugt war. Er zweifelte auch nicht, daß die deutsche Einheit sich, wenn nicht unter ihm, doch unter seinem Sohn oder Enkel verwirklichen werde. Weniger tief gebildet als sein Bruder, war er desto lernbegieriger und suchte sich noch im hohen Alter über alle Gegenstände der Staatsverwaltung zu unterrichten. Sein Leben war Arbeit, seine Lebensart rauh, einfach und sparsam; seine Religiosität ebenso ernst, wie entfernt von aller Frömmelei.

Der österreichisch italienische Krieg von 1859 veranlaßte in Deutschland ein stärkeres Anwachsen der Bewegung zur Herbeiführung einer Bundesreform, und zwar überwog die Strömung nach einem Bunde der nichtösterreichischen Staaten unter Preußens Führung, ausgenommen in dem seit zehn Jahren preußenfeindlichen Süddeutschland. In Frankfurt wurde der Nationalverein gegründet, der die Frage nach Leitung des Bundes noch offen ließ. Vom Bundestage ausgewiesen, fand sein Ausschuß ein Asyl in Koburg bei dem Herzog Ernst, dem langjährigen Gesinnungsgenossen dieser Bestrebungen, und zeigte immer mehr die Hinneigung nach der preußischen Spitze. Österreich betrieb daher seine Unterdrückung; mehrere Regierungen führten sie aus, in Süddeutschland unter dem Beifall besonders der katholischen Bevölkerung. „So blieb beim Volke, sagt Sybel, die Einheit eine Theorie, die Praxis partikularistisch." Preußen unter Wilhelms Regentschaft ließ die Bewegung gewähren, ja sah sie nicht ungern. Aber wichtiger wurde für diesen Staat bald der innere Konflikt zwischen Regierung und Volksvertretung über die Heeresreform, welche der Prinz-Regent „längst als die Vorbedingung jedes Fortschrittes in den deutschen Angelegenheiten erkannt hatte". Die öffentliche Meinung reagierte heftig gegen den Plan jährlicher Aushebung von 63 000 statt 40 000 Mann und einer Vermehrung der Linie um 49 Regimenter. Die Regierung führte aber die Reform durch, indem der Landtag die Mittel dazu, wenn auch nur für ein Jahr bewilligte. Indessen wurde der Prinz-Regent 1861 König, und die Opposition nahm an Schärfe zu. Die Fortschrittspartei protestierte gegen die Dauer der Reform. Seltsamer Weise wollte diese Partei die Bundesreform ohne die militärischen Mittel dazu, während die Konservativen die Heeresreform wollten, aber den Zweck derselben, die deutsche Einheit, verabscheuten! Beide Parteien waren eben zu kurzsichtig, um den Zusammenhang zwischen beiden Reformen zu erkennen; denn beide, die eine mit Empörung, die andere mit Wohlgefallen, erblickten in der Verstärkung des Heeres lediglich eine Weiterführung des reaktionären Wahlspruches „gegen Demokraten helfen nur Soldaten", während bezüglich der deutschen Frage der Fortschritt in der Illusion lebte, ein liberales Preußen würde dieselbe von selbst vorwärts bringen, die Reaktion aber sie um jeden Preis zu hintertreiben wünschte. Die Fortschrittspartei im Landtage nahm zu, der Konflikt wurde stärker; der König löste 1862 das Abgeordnetenhaus auf, die liberalen Minister traten ab; die neuen Wahlen verstärkten den „Fortschritt" abermals und bewirkten die Streichung der vermehrten Heereskosten im Landtage. In dieser fatalen Lage berief König Wilhelm den Herrn von Bismarck zum Ministerpräsidenten. Die neue Ära hatte begonnen. Man kann sagen, daß ein Wutschrei durch alle freisinnigen Elemente ging, die nur des großen Staatsmannes frühere reaktionäre Standpunkte kannten. Er war aus einem Parteimann ein Staatsmann geworden; aber was er von nun an wollte, das war einstweilen noch sein Geheimnis.

Im Jahre 1863 faßte Kaiser Franz Josef plötzlich den Gedanken, die deutschen Fürsten zu einer Zusammenkunft nach Frankfurt einzuladen, um dort mit ihnen über eine Reform des deutschen Bundes zu verhandeln. Dem König Wilhelm gab er in Gastein persönlich davon Kenntnis; aber in der Denkschrift, die er ihm dabei übergab, war geradezu die Befürchtung ausgesprochen, Preußens Wille könne die Reform der deutschen Gesamtverfassung faktisch und rechtlich hindern. Wilhelm I. fand, es sollte der Fürstenversammlung eine vorbereitende Ministerkonferenz vorangehen. Der Kaiser blieb bei der sehr kurz bemessenen Frist der Versammlung; der König aber lehnte seine Teilnahme aus Gesundheitsrücksichten ab, und zwei preußische Ministerialdepeschen nach Wien legten den Entwurf als für Preußen unannehmbar dar und machten dessen Zustimmung von der Errichtung eines aus Volkswahlen hervorgegangenen Parlamentes abhängig. Bismarck nannte das Projekt geradezu einen Schachzug antipreußischer Diplomatie. Die Fürsten versammelten sich am 16. August, mit Ausnahme König Wilhelms, zwei kleinerer Fürsten und Holsteins, und mit ihnen die Bürgermeister der vier freien Städte, im „Römer" der gut österreichisch gesinnten alten Krönungsstadt, die sie mit großem Pomp empfing. Der Kaiser und die vier Könige dominierten. König Johann von Sachsen wollte den Preußenkönig aus Baden abholen, dessen Herz, wie Sybel sagt, sich hingezogen fühlte, dessen Kopf aber, durch Bismarck inspiriert, widersprach. Die weiter beratene Reform war sehr zahm, sehr österreichisch, mit einem fünfgliedrigen Direktorium, einem Bundesgericht und einer ein Parlament vertretenden Versammlung von Delegierten der Landtage. Zugleich tagte in Frankfurt eine Versammlung von 300 nichtösterreichischen Mitgliedern deutscher Kammern und verlangte ein Parlament aus Volkswahlen. Am 1. September war der Fürstentag bereits zu Ende. Preußen, dem der Entwurf vorgelegt wurde, trat nicht darauf ein und erklärte, daß es nur im Falle der Gleichstellung mit Österreich und der Errichtung einer Volksvertretung auf eine Reform eintreten könnte. Österreich verwarf diese Bedingungen und suchte Preußen als den Störenfried darzustellen; aber als Minister Rechberg die Glieder des Frankfurtertages zur Einführung der beschlossenen Verfassung auf= forderte, lehnten sie es alle ab. Die Sache war im Sande verlaufen.

„Der Fürstentag zu Frankfurt", sagt Onken, „war ein Vorgefecht, dem der Kampf um die Entscheidung früher oder später folgen mußte. Bevor er ausbrach, sah die Welt mit Staunen die beiden tiefverfeindeten Mächte zu= sammenwirken bei der Tilgung einer alten Ehrenschuld, in deren Behandlung vom ersten Tage an die deutsche Politik einen Geist martialischer Entschlossenheit und Thatkraft zeigte, wie das seit Friedrichs II. Einfall in Schlesien nicht mehr erlebt worden war. Dieser Geist aber lebte nicht in Wien und nicht in Frankfurt, sondern in Berlin." Die Herzogtümer Schleswig, Holstein und Lauenburg waren, nachdem der Friede von 1850 dem Kriege gegen Dänemark ein Ende gemacht, 1852 gemäß einer Verständigung zwischen diesem Staat und dem deutschen Bunde zwar durch eine Gesamtverfassung mit der dänischen Krone verbunden, aber mit eigenen Landständen versehen worden, und die Großmächte hatten diesen Zustand im Londoner Protokoll anerkannt, nicht aber gewährleistet. Dänemark setzte sich jedoch mit dieser Verfassung fortwährend in Widerspruch, so daß der deutsche Bund 1858 sie für Holstein und Lauenburg (Schleswig gehörte nicht zum Bunde) als nicht zu Recht be= stehend erklärte. Die folgenden Ereignisse zwangen die Frage unberührt zu lassen, bis 1863 Preußen den Bundestag hinriß, gegen die dänischen Ver= fassungsbrüche zu protestieren und mit Exekution zu drohen. Es herrschte nämlich in den Herzogtümern ein Schreckensregiment, das die deutsche Sprache und Nationalität unterdrückte, alle Männer verfolgte, die sich in der Periode von 1848—1850 in deutschem Sinne bethätigt hatten, dem Lande die Kriegs=

kosten derselben aufsud, Preß- und Vereinsfreiheit, die in Dänemark selbst blühten, vernichtete. Alle paar Jahre oktroyierte der dänische Reichstag den Herzogtümern, ohne sie anzuhören, neue Verfassungen. Das Merkwürdigste aber ist, daß alle sogenannten Liberalen des nichtdeutschen Europa für Dänemark und jene Unterdrückung schwärmten, wie sie einst für die polnische Aristokratie mit ihrer Leibeigenschaft der Bauern geschwärmt hatten. Mit nackter Keckheit hatte endlich der König von Dänemark am 30. März 1863 die Trennung Schleswigs und Holsteins verfügt, ersteres in Dänemark einverleibt, letzteres durchaus vom Königreiche abhängig gemacht. Diesem sogenannten Patent galt die schon erwähnte Ermannung des Bundestages. Gestützt auf die Sympathie der nichtdeutschen Mächte fuhr das kleine Dänemark fort, das große Deutschland zu verhöhnen, und nun beschloß der Bundestag am 1. Oktober die Exekution durch Teile des Bundesheeres. Kurz darauf wurde der Herzog von Glücksburg als Christian IX. König von Dänemark und bestätigte um, wider seine Neigung, aber vom Pöbel Kopenhagens mit dem Tode bedroht, die vertragswidrige Verfassung. Unbeschreibliche Empörung durchflog ganz Deutschland. Allgemein wurde die Lossagung vom Londoner Protokoll und die Anerkennung des Erbprinzen Friedrich von Augustenburg als Herzog von Schleswig-Holstein gefordert. Bismarck aber sprach sich dagegen aus und wollte jeden Schritt verhütet wissen, den die Großmächte als Vertragsbruch betrachten könnten. Dem widersprach der mit der Regierung noch immer im Konflikt stehende preußische Landtag und beschloß mit großer Mehrheit die Anerkennung des Augustenburgers. Es rückten Bundestruppen aus Sachsen und Hannover am Weihnachtsabend in Holstein ein. Österreich und Preußen aber verlangten, daß Schleswig als Sicherheit für die Erfüllung der deutschen Forderungen auf Rücknahme der dänischen Vertragsbrüche in Pfand genommen werde, und als der Bundestag dies 1864 ablehnte, erklärten die beiden Großmächte, als solche vermöge des Londoner Vertrags die Sache in die Hand zu nehmen, verlangten von Dänemark die Aufhebung der vertragswidrigen Verfassung, und als dieses verweigert wurde, erklärten sie ihm den Krieg. Das tiefste Mißtrauen herrschte aber gegen die Absichten der Großmächte, von denen man die Wiederholung von 1850 erwartete, und das preußische Abgeordnetenhaus verweigerte alle Kriegsmittel. Aber Bismarck kehrte sich nicht daran; Preußen hatte sich mit Österreich vollkommen geeinigt; General von Moltke entwarf seinen ersten Kriegsplan, am 1. Februar 1864 rückten die Preußen und Österreicher unter Feldmarschall von Wrangel in Schleswig ein, und schon am 18. April waren die Düppeler Schanzen unter Prinz Friedrich Karl erstürmt und Schleswig erobert. Zum erstenmale seit fünfzig Jahren hatten deutsche Thaten, zu denen es der

Bundestag nie gebracht hätte, Europa in Erstaunen gesetzt, und eine neue Londoner Konferenz begrub das Werk der ersten. Österreich und Preußen trugen Dänemark eine Personal-Union mit Schleswig-Holstein an, die aber abgelehnt wurde, ebenso der zweite Vorschlag, eine Trennung der beiden Herzogtümer von Dänemark als besonderer Staat unter dem Augustenburger. Die Konferenz ging ohne Resultat auseinander, und nun nahmen die Preußen die Insel Alsen ein, worauf es zum Frieden kam, durch den Dänemark Schleswig und Holstein an Preußen und Österreich abtrat, was in Wien am 30. Oktober 1864 unterzeichnet wurde.

Die preußische Fortschrittspartei, deren Mißtrauen und deren Erwartungen durch die Thatsachen vollständig widerlegt und vereitelt waren, obschon sie nun die Früchte der Heeresorganisation, die sie so leidenschaftlich bekämpft hatte, vor sich sah, fuhr trotzdem in ihrem System der Verhinderung aller Befestigung der Wehrkraft fort. Der Prinz von Augustenburg seinerseits weigerte sich, die Regierung unter dem Schutze Preußens, wie dieses ihm anbot, zu übernehmen; denn Österreich stand hinter ihm und suchte jede Stärkung Preußens durch die erfochtenen Siege zu hintertreiben, womit die Spaltung zwischen den beiden Großmächten aufs neue begann. Bismarck sprach bereits in Mitte 1865 offen von dem bevorstehenden Kriege zwischen beiden, riet den übrigen Staaten Neutralität an und unterhandelte mit Italien.

Um so mehr überraschte es, als am 14. August Österreich und Preußen in Gastein einen Vertrag schlossen, nach welchem Lauenburg gegen eine Geldentschädigung an Preußen fiel, Holstein aber unter österreichische und Schleswig unter preußische Verwaltung gestellt wurde. Nur Österreichs Geldnot hatte diese unnatürliche und allen Verträgen über das Schicksal der Herzogtümer zuwiderlaufende Lösung der schwebenden Frage herbeigeführt. Der nunmehrige Graf Bismarck setzte sich bald darauf durch eine Zusammenkunft mit Napoleon III. in Biarritz den unbegründetsten Vermutungen über politische Abmachungen aus. Wahrscheinlich handelte es sich um Frankreichs Neutralität in dem ungeachtet des Gasteiner Vertrages unvermeidlich gewordenen Kriege. Napoleon hatte dabei den Hintergedanken, durch diesen Krieg Venetien an Italien zu bringen und dafür letzteres von Rom fern zu halten, das in seiner Macht zu behalten ihm am Herzen lag, daher er „in Berlin und Florenz mit gleichem Eifer zum Bruche mit Österreich riet". Italien lag natürlich an einem Bunde mit Preußen viel, dessen König sich nur widerstrebend mit der revolutionären Macht einließ. Der italienische General Govone kam nach Berlin und unterzeichnete am 8. April 1866 mit Bismarck ein Schutz- und Trutzbündnis. Gleich am nächsten Tage beantragte Preußen am Bundestage die Einberufung eines aus unmittelbaren Wahlen und allgemeinem Stimmrechte hervorgehenden deutschen Parlaments. Österreich und seine deutschen Bundesgenossen: Hannover, Sachsen, Kurhessen u. s. w., erkannten in dem Antrage, der an einen Ausschuß gewiesen wurde, wohl dessen Ziel: Trennung Österreichs von Deutschland und Vereinigung des Restes unter preußischer Führung. Die erste Sorge Österreichs war nun, Preußen und Italien zu trennen, deren Einverständnis ihm sofort klar wurde. Die diplomatischen Fäden, die nun gesponnen wurden und in Paris zusammenliefen, drehten sich um die Bereitwilligkeit Österreichs, Venetien abzutreten, wenn es erst Schlesien erobert hätte, zerrissen jedoch, als Napoleon die Abtretung vor der Eroberung verlangte und Italien erklärte, an Preußen festhalten zu wollen. Daß der Staatsstreichmann beides begünstigte und sich dafür am Rhein zu entschädigen wünschte, unterliegt keinem Zweifel. Außerdem sicherte er sich durch einen Neutralitätsvertrag mit Österreich die Abtretung Venetiens und einen Verzicht auf absolute Vorherrschaft in Deutschland; daß nämlich Österreich siegen werde, glaubte er ganz bestimmt, und glaubte es um so lieber, weil ihm dann der Rhein sicher zufallen sollte. Indessen hatten allseitige Rüstungen die beteiligten Mächte gegenseitig mehr und mehr erbittert und kriegerisch gestimmt. Als nun Österreich am 1. Juni die Frage der Herzogtümer dem Bundestage anheimstellte, erklärte dies Preußen als einen Bruch des Gasteiner Vertrags, der den Bund nicht berühre, wie überhaupt Schleswig nicht, und ließ Truppen in Holstein einrücken, vor denen die Österreicher und der Augustenburger das Land räumten, dem die Änderung ganz willkommen war. Den letzten Schritt zum Kriege that Österreich, indem es am 11. Juni dem Bundestage vorschlug, die nichtpreußischen Heereskörper gegen Preußen mobil zu machen — ein Antrag, gegen dessen Behandlung Preußen, weil er bundeswidrig war, protestierte. Trotzdem wurde dieser Antrag mit neun gegen sechs Stimmen angenommen; der Bund war gebrochen und der Krieg beschlossen. Preußen schlug nun den Regierungen von Sachsen, Hannover und Kurhessen, welche mit der Mehrheit gestimmt hatten, ein Bündnis vor, das sie nicht zur Teilnahme am Kriege gegen Österreich, sondern nur an der Parlamentswahl verpflichten sollte; es wurde aber abgelehnt und sofort rückten die Preußen in diese drei Staaten ein.

Die Könige von Sachsen und Hannover flohen. König Wilhelm aber erließ einen Aufruf an sein Volk, in welchem er die Ursachen des Krieges schlicht und klar auseinandersetzte, indem er erzählte, wie Österreich stets daran gearbeitet habe, Preußen zu schwächen und zu erniedrigen, und die Thatsache betonte, daß dem Feinde gegenüber alle innere Zwietracht unter den Preußen aufgehört habe. In der That war, obschon die Regierung infolge des Widerstrebens der Abgeordneten noch immer ohne Budget regierte, obschon das Volk die Minister haßte, obschon die Presse den Krieg verdammte, das Heer einmütig zu den Fahnen geeilt. In Süddeutschland dagegen wütete mit wenigen Ausnahmen wilder Preußenhaß, und je demokratischer die Leute waren, desto begeisterter waren sie für Österreich, das alle Volksvertretung verabscheute, desto fanatischer gegen Preußen, das wiederholt allein eine solche beantragt hatte. Wer es wagte, anderer Meinung zu sein, war kaum des Lebens sicher. Es war eine gegen die Geschichte vollkommen blinde Verwirrung der Begriffe.

Die Entscheidung des unvermeidlich gewordenen Krieges, der bedauerlicher Weise Deutsche gegen Deutsche führte, fiel in Böhmen. Die sächsischen Truppen hatten ihr Land verlassen und sich mit den Österreichern vereinigt, die unter dem Oberbefehle des Feldzeugmeisters von Benedek standen. Aus Sachsen marschierte die Elbarmee unter General Herwarth von Bittenfeld, aus Schlesien die I. Armee unter Prinz Friedrich Karl und die zweite unter dem Kronprinzen Friedrich Wilhelm in Böhmen ein. Moltke entfaltete hier sein zweites Schachbrett. Unter persönlicher Führung der beiden tapferen Prinzen und zuletzt auch König Wilhelms wurde die Reihe von Siegen erfochten, deren bedeutendstes Moment (3. Juli) den Namen der Schlacht bei Königgrätz erhielt.

Die Kunde davon erschütterte ganz Europa. Napoleons Minister Drouyn de Lhuys verlangte die sofortige Besetzung des entblößten linken Rheinufers, sofern Preußen Gebietserweiterungen vornehme. Auch Österreichs Botschafter Fürst Metternich verlangte dies, auch für Venetien, und bot dafür letzteres an. Wie stand aber Frankreich da, als es sich herausstellte, daß zu dieser „bewaffneten Vermittelung", infolge der Verluste in Mexiko, bloß 40000 Mann verfügbar waren? Napoleon mußte also auf seinen Plan verzichten und sich auf das Feld der Diplomatie beschränken. Italien, bei Custozza und Lissa geschlagen, machte die Annahme einer Vermittelung des französischen Kaisers von Preußen und dieses von einer Verbindung seiner getrennten Gebietsteile und der Führung Norddeutschlands abhängig. Der französische Botschafter in Berlin, Graf Benedetti, suchte Bismarck auf den Schlachtfeldern auf und traf ihn erst in Mähren, in einem verlassenen Hause, konnte ihn aber in seinen Entschlüssen nicht wankend machen. Das Hin- und Herrücken der Ministerfiguren auf dem diplomatischen Schachbrette zwischen Wien und Paris ging weiter, und am 26. Juli wurde im Hauptquartier Nikolsburg zwischen Preußen und Österreich der Vorfriede geschlossen, welcher die Unverletzlichkeit Österreichs und Sachsens, den Austritt Österreichs aus dem deutschen Bunde und die Errichtung eines Norddeutschen Bundes unter Preußens Leitung festsetzte, dessen Verbindung mit den süddeutschen Staaten der nähern Verständigung zwischen beiden überlassen blieb. Es war ein Kompromiß zwischen Bismarck und Napoleon, welcher letztere ein vollständiges Deutschland fürchtete, so daß sich ersterer auf das vorläufig Erreichbare beschränken mußte, zugleich aber in kluger Voraussicht der Zukunft sich Österreich verpflichtete, dessen weiterer Bund mit dem neuen Deutschland längst sein Programm war.

Gleichzeitig wie in Böhmen war auch in Westdeutschland die Entscheidung zu gunsten Preußens ausgefallen. Der deutsche Bund hatte hier seine vollständige Ohnmacht und Zerfahrenheit und damit die Zweckmäßigkeit seines Verschwindens von der Weltbühne an den Tag gelegt. Ebenso war die Täuschung, in welcher sich die Süddeutschen befanden, indem sie Hoffnungen auf Österreich und — Frankreich setzten, auf das gründlichste enthüllt. Der mit seinen Truppen aus Hannover entflohene blinde König Georg V. erfocht zwar bei Langensalza einen kleinen Sieg über eine schwache preußische Abteilung, mußte aber schon am nächsten Tage die Waffen strecken. Die preußische Mainarmee unter General Vogel von Falckenstein schlug nacheinander die zerfahrenen Bestandteile der sogenannten Reichsarmee, die übrigens tapfer kämpfenden Baiern und Hessen. Am 16. Juli war alles Land nördlich des Mains von den Preußen genommen, die nun unter General Manteuffel diesen Fluß überschritten und bis Heidelberg und Nürnberg gelangt waren, als die Kunde vom Vorfrieden zu Nikolsburg anlangte und alles erleichtert aufatmen machte.

In diesem Frieden lag indessen bereits der Keim des nächsten Krieges verborgen, und zwar aus Anlaß der Einmischung Frankreichs und der Verblendung Napoleons III. Benedetti, kaum nach Berlin zurückgekehrt, erhielt von seiner Regierung den Auftrag, von Preußen nicht weniger als das ganze linke Rheinufer als „Entschädigung" für Preußens Machtzuwachs zu verlangen, zu welchem Zwecke er geradezu einen Vertragsentwurf vorlegte, der Preußen sogar verpflichten sollte, auch die Abtretung der linksrheinischen Teile Baierns und Hessens an Frankreich zu bewirken! — Das Interessanteste dabei ist, daß dieser Diplomat keinen Augenblick an der Annahme seines Auftrags zweifelte. Aber er verrechnete sich gründlich. Während des Kanonendonners von Königgrätz hatte am gleichen Tage das preußische Volk durch die Landtagswahlen der sog. Fortschrittspartei, die in ihrer doktrinären Verblendung ihr möglichstes gethan hatte, um Preußens Sieg und damit Deutschlands Einheit unmöglich zu machen, den Abschied gegeben. Bismarck wies nun aber das zudringliche Gebahren der Reaktionäre, welche den Umsturz der Verfassung verlangten, zurück und begnügte sich, dem Landtage zu Gemüte zu führen, wer in der Heeresfrage Recht gehabt habe, die Regierung oder der sog. Fortschritt. Dies sagte König Wilhelm, am Tage nach seinem feierlichen Einzuge in Berlin, in seiner Thronrede vom 5. August, in würdigen Worten und in bescheidener Verschweigung seines Triumphes. Offen gab er zu, daß die Staatsausgaben, welche in den letzten Jahren geleistet worden, bei dem Mangel einer Vereinbarung mit der Landesvertretung der gesetzlichen Grundlage entbehren. Wenn seine Regierung gleichwohl ohne diese Grundlage den Staat verwaltet habe, so sei dies nach gewissenhafter Prüfung in der pflichtmäßigen Überzeugung geschehen, daß die Fortführung einer geregelten Verwaltung, die Erhaltung des Heeres u. s. w. Existenzfragen des Landes waren. Der streng konstitutionelle Herrscher war auch als ruhmreicher Sieger nicht zu stolz, die Volksvertretung zu ersuchen, daß sie der Regierung in Bezug auf die ohne Staatshaushaltsgesetz geführte Verwaltung die Indemnität erteile, womit der bisherige Konflikt für alle Zeit zum Abschluß gebracht würde. „Die Thronrede vom 5. August, sagt Oncken, sprach aus: In Preußen und Deutschland soll herrschen das Gesetz, nicht der Säbel; das Recht der Verfassung, nicht die Laune der Gewalt des Tages, noch die Willkür einer herrschsüchtigen Partei."

Ohne von diesem neuen moralischen Siege, der dem materiellen folgte, etwas zu ahnen, wollte sich der ungeduldige Benedetti bei Bismarck die Antwort auf seinen Auftrag und damit, wie er wähnte, die Rheingrenze holen, holte sich aber nur einen — großmächtigen Korb. Der eingebildete Corse sagte darauf: „Si vous refusez, c'est la guerre", und Bismarck antwortete ruhig: „Eh bien, la guerre". Nicht besseres Glück hatte er beim König. „Keine Scholle deutscher Erde, kein Schornstein von einem deutschen Dorf", war die wirklich königliche Antwort.

Und es gab keinen Krieg, wenigstens noch vier Jahre lang nicht. Aber der französische Vorschlag, den übrigens Napoleon dementierte, als er vereitelt war, hatte das Gute, daß er auf diese Eventualität hin die deutsche Einheit weiter beförderte, als alle Reformvorschläge der Kabinette und Kammern es vermocht hätten. Während der Großherzog von Baden, der, bekanntlich liberaler als Minister, Kammern und Volk seines Landes, wider seinen Willen gezwungen war, an dem Kriege gegen Preußen teilzunehmen, weil man ihm gedroht hatte, seinen Staat zwischen Österreich und Baiern zu teilen, keinen weitern Schritt that, hatten Würtemberg und Baiern sich an Napoleon gewandt, um dessen Unterstützung in den Verhandlungen mit Preußen zu erhalten. Voran gegangen war ihnen darin Sachsens Minister von Beust. Nicht unwahrscheinlich ist, daß durch diese Kriecherei Napoleon ermutigt worden war, sein unerhört freches Verlangen nach der Rheingrenze zu stellen. Jetzt aber, als Bismarck den in Berlin erschienenen Ministern der vier süddeutschen Staaten den Vertragsentwurf Benedettis verwies, wendete sich das Blatt. Die Herren gingen nun weiter, als Bismarck gehen konnte, und verlangten, um unverkürzt zu bleiben, geradezu Aufnahme in den Norddeutschen Bund. Bismarck aber blieb bei dem in Nikolsburg gegebenen Worte. Zuerst gelang die Vereinbarung mit Würtembergs Minister Freiherrn von Varnbüler, dem Nachkommen jenes schneidigen Bürgermeisters von St. Gallen, der wegen seines Auftretens gegen seinen ebenso schneidigen Namensvetter, Abt Ulrich, 1490 das Vaterland hatte verlassen müssen. Freiherr von Varnbüler, die Protektion Rußlands hinter sich, d. h. des Bruders seiner Königin, verwahrte sich dabei gegen die Verpflichtung zur Bildung eines süddeutschen Bundes und zog die Unabhängigkeit des Staates vor. Wahrscheinlich fürchteten Baden und Würtemberg eine Oberherrschaft des katholischen Baiern. Um sich indessen gegen außen sicher zu stellen, vereinigten sich Varnbüler und Bismarck zu dem Plane eines Schutz- und Trutzbündnisses ihrer Staaten, welchem die Abmachungen von Nikolsburg durchaus nicht im Wege standen. Danach sollten die Truppen Würtembergs im Kriegsfalle unter den Oberbefehl Preußens treten. Gleiches wurde mit Baden und nach etwas schwierigerer Verhandlung auch mit Baiern zur großen Freude des Ministers von der Pfordten über das glimpfliche Ergebnis abgemacht. Alle drei Staaten verpflichteten sich außerdem zu einer sehr mäßigen Kriegskostenentschädigung, und ihr Gebiet blieb unverkürzt, mit Ausnahme eines bairischen Grenzgebietes im Rhöngebirge mit 32000 Einwohnern, das an Preußen fiel, welches damit auf die gewünschte Rückerwerbung von Baireuth verzichtete; es war eine so kleine Abtretung, daß sie im Vergleich zur Pfalz, welche Frankreich verlangt hatte, nicht in Betracht fallen konnte. König Ludwig II. zeigte sich dafür erkenntlich, indem er dem König von Preußen den Mitbesitz der Burg von Nürnberg, des Sitzes seiner Ahnen, anbot. Am schwierigsten war es, mit Hessen einig zu werden, dessen Großherzog und dessen Minister Dalwigk auf Frankreich hofften, das ihnen so eben Mainz und Worms hatte wegnehmen wollen. Endlich fügte es sich und verlor statt der Provinz Oberhessen, wie zuerst beabsichtigt war, die aber in den Nordbund eintrat, nur eine Geldsumme und das erst kürzlich erworbene Homburg. Die Milderung war auch hier der Verwendung des russischen Schwagers zu verdanken. Mit Sachsen, das der Friede von einer vielfach gewünschten Landabtretung freisprach, wurde auf Grundlage einer Kriegsentschädigung und des Eintrittes in den Nordbund abgeschlossen. Jetzt war, wenn auch noch nicht ein politisches, doch bereits ein kriegerisches deutsches Reich errichtet.

Jenen Verträgen folgte sofort in Prag der definitive Friede mit Österreich. Außer dem bereits erwähnten Inhalte der Präliminarien von Nikolsburg trat Österreich alle seine Rechte auf Schleswig und Holstein an Preußen ab, unter Vorbehalt des Rechtes der nördlichen Bezirke von Schleswig, durch freie Abstimmung an Dänemark zurückzufallen. Diese Bestimmung war die Frucht der Bemühungen des dänischen Agenten Hansen bei Napoleon und des letztern bei Bismarck. Durch denselben Hansen schlug Napoleon dem preußischen Ministerpräsidenten vor, aus der Rheinprovinz einen unabhängigen Staat unter dem Erbprinzen von Hohenzollern-Sigmaringen zu bilden, was eben so entschieden abgeschlagen wurde wie der erste Vorschlag. Aber der gallische Imperator war nun einmal nicht abzutreiben. Schon am 16. August ließ er durch Benedetti die Abtretung von Landau, Saarbrücken und Saarlouis nebst Luxemburg verlangen und sich die Erlaubniß zur Annexion Belgiens ausbitten. Ginge dies nicht, so wollte er mit Luxemburg und Belgien vorlieb nehmen; wäre aber auch dies zuviel, auf Antwerpen verzichten, das zu einer freien Stadt würde, um England zufriedenzustellen. Als Gegenleistung sollte ein festes Bündniß mit Frankreich dienen. Nach seiner ersten Unterredung mit Bismarck ließ der Corse die drei deutschen Städte fallen. Dagegen sollte nach dem neuen Entwurfe Deutschland den König der Niederlande zur Abtretung Luxemburgs an Frankreich bestimmen und letzterm Belgien erobern helfen, wogegen Napoleon die bundesmäßige Vereinigung des Norddeutschen Bundes mit den süddeutschen Staaten gestatten und ein Schutz- und Trutzbündniß mit Preußen schließen würde. Nebenbei hatte der Projektenmacher an der Seine noch den Gedanken, Sachsen an Preußen und die Rheinprovinz an den katholischen König von Sachsen fallen zu lassen. Graf Bismarck behandelte jene Vorschläge (der letztgenannte wurde ihm nicht vorgelegt), wie er sich selbst ausdrückte, „dilatorisch", d. h. er wies sie nicht zurück, versprach aber auch nichts.

Während dieses Aufschubes trat die endliche Versöhnung zwischen der Regierung und der Volksvertretung in Preußen ein. Am 3. September wurde die nachgesuchte Indemnität bewilligt und am 25. dem Ministerium ein Vertrauensvotum gegeben. Dazwischen, am 20., als die aus Böhmen zurückkehrenden Truppen in Berlin einzogen, wurde eine Amnestie erlassen und die Einverleibung von Hannover, Kurhessen, Nassau und der freien Stadt Frankfurt, als Staaten, die in offenem Kriegszustand mit Preußen sich befunden, und dessen Bündnißanträge zurückgewiesen hatten, in den preußischen Staat beschlossen. Der Kurfürst von Hessen (der keine erbfolgefähigen Nachkommen hatte) wurde gefangen genommen; der Herzog von Nassau (heute Großherzog von Luxemburg) aber machte später Frieden mit Preußen; der König von Hannover dagegen blieb unversöhnlich bis zum Tode. -- An diese Thatsache knüpft sich eines der schwärzesten Blätter in der neuesten Geschichte. Der blinde König und sein Anhang ließen sich in Unterhandlungen mit Frankreich ein, welche unter der schönen Maske einer „Versöhnung der deutschen und der französischen Nation" zur Herstellung seines Königreiches führen sollten. Ganz Hannover wurde von einem Netze geheimer Vereine bedeckt, in welchen die welfische Aristokratie das Bündniß weder der Demokraten, noch der Ultramontanen verschmähte, sich mit den Unzufriedenen in Süddeutschland verband und zu dem Grundsatze des allgemeinen Stimmrechts überging, welches Hannover im Gegensatze zu Preußen stets bekämpft hatte. Es wurde eine Versammlung der Verschworenen in Bamberg auf Kosten des Erkönigs gehalten, und man gab sich der Illusion hin, daß Frankreich, ohne deutsches Gebiet anzusprechen, Deutschland von dem befreien würde, was man die preußische Sklaverei nannte. Ausgewanderte und flüchtige Hannoveraner bildeten im Auslande eine Legion; dieselbe zählte in der Schweiz 1500, in England 3—400, in Amerika 2000 Mann. Es wurde verabredet, diese Leute in Frankreich zu sammeln und mit ihnen und französischen Truppen in Deutschland einzubrechen. Auch der nach Prag entlassene Kurfürst von Hessen war mit im Komplott und ließ durch Flugschriften in Kurhessen den Rachekrieg predigen. In Holland lag der Pulvervorrat und weilte der Oberbefehlshaber Major von Düring. Der Hauptmacher, Regierungsrat Oskar Meding, als Romanschreiber Gregor Samarow besser bekannt, hat alles mit großer Offenheit später erzählt. Mittlerweile hatte König Georgs ehemaliger Minister, der klerikale Dr. Windthorst, am 29. September 1867 mit Preußen einen Vertrag abgeschlossen, durch den der Erkönig als Abfindung für sein früheres Eigentum 11 Millionen Thaler erhielt und weitern Besitz erhalten sollte, wenn er auf die Krone verzichtet hätte. Da man aber in Preußen 1868 erfuhr, daß die Welfenlegion, aus Holland verwiesen, in der Schweiz sich gesammelt, von da in das Elsaß gezogen und sich an der deutschen Grenze demonstrativ aufgestellt, wurde das Vermögen des Erkönigs mit Beschlag belegt. Napoleon wollte eben den Krieg vorbereiten und zu diesem Zwecke die französische Besatzung aus Rom zurückrufen, wo sie durch Spanier ersetzt werden sollte, als plötzlich Isabella II. gestürzt und vertrieben und dadurch das landesverräterische Projekt zu Wasser wurde. Bismarck geißelte das Verhalten der beiden Erfürsten im Reichstage auf gebührende Weise, und es war bei diesem Anlasse, daß er sagte, er werde „bösartige Reptilien verfolgen bis in ihre Höhlen hinein, um zu beobachten, was sie treiben". Auf dies hin wurde aus dem Vermögen der beiden Coriolane, wie sie der Kanzler nannte, der bekannte Reptilienfond gebildet.

Indessen hatte Benedetti, sobald er Bismarcks, der erst gegen Ende des Jahres 1867 aus seinen Ferien nach Berlin zurückkehrte, habhaft werden konnte, die Verhandlungen wieder begonnen, wenigstens über Luxemburg. Der preußische Ministerpräsident beabsichtigte nicht, dieses Städtchen dem Norddeutschen Bunde einzuverleiben, noch als Bundesfestung zu behalten, wollte es aber auch nicht an Frankreich fallen lassen. Moltke erklärte als Sachverständiger, die Festung könne nur geräumt werden, wenn sie zugleich geschleift werde. Napoleon aber wollte von Luxemburg ohne Festungswerke nichts wissen. Bezüglich der Absichten auf Belgien wurde wenigstens Preußens Neutralität in Aussicht gestellt. Auf dies hin verzichtete Frankreich auf ein Bündnis mit Preußen und trat nun mit dem König von Holland in Unterhandlung wegen Luxemburg, das von französischen Sendlingen überschwemmt wurde, die das Volk bearbeiteten. Als aber die bisher geheim gehaltenen Schutz- und Trutzbündnisse mit den süddeutschen Staaten bekannt wurden, machte der Umstand, daß Frankreich dies nicht gewußt hatte, den König der Niederlande stutzig, und er berief sich auf die Unterzeichner des Vertrages von 1839 über Luxemburg, ja lehnte sich geradezu an Preußen an, mißverstand aber dessen zurückhaltende Äußerungen und willigte in die Abtretung ein. Dies verursachte nun allgemeine Aufregung in Deutschland, welche selbst den Grafen Bismarck überraschte und im norddeutschen Reichstage Ausdruck fand, worauf die preußische Regierung im Haag erklären ließ, sie betrachte die Abtretung Luxemburgs als Kriegsfall. Und die Abtretung unterblieb. Das war der erste Erfolg des geeinigten Deutschlands in der europäischen Politik. Luxemburg wurde nachher von den Mächten als neutrales Land anerkannt und die Festung geschleift.

Der Norddeutsche Bund beruhte auf einem Vertrage, welchen Preußen auf Grund seines Antrages an den Bundestag vom 14. Juni 1866 bei Anlaß seines Bruches mit demselben, während des Krieges und nach demselben mit den norddeutschen Regierungen geschlossen hatte. Dieser Vertrag war kurz; er enthielt nur sieben Artikel; „aber nie in der Geschichte", sagt Oncken, „ist ein Vertrag geschlossen worden, der in so wenig Worten solch weltgeschichtlichen Inhalt barg." Bevollmächtigte der verbündeten Regierungen nahmen am 15. Dezember 1866 in Berlin den Entwurf einer Bundesverfassung an, deren Hauptinhalt nach Bismarcks Plan die Einheit der Wehrkraft und die Schaffung einer gemeinsamen Gesetzgebung sein sollte. Der aus dem allgemeinen Stimmrecht und direkten Wahlen hervorgegangene Reichstag trat am 24. Februar 1867 zusammen und wurde vom König, als Vorstand des Bundes, mit einer Thronrede eröffnet, wie sie in deutscher Sprache noch nie gehalten war, indem sie betonte, daß Deutschland, früher zerrissen und ohnmächtig und eine Wahlstatt der Kämpfe fremder Mächte, bestrebt sei, die Größe seiner Vergangenheit wieder zu erringen. Dieses Ziel zu erreichen, bildete sich aus Ausgeschiedenen der preußischen Fortschrittspartei und Hinzutretenden aus den neupreußischen Provinzen die nationalliberale Partei.

Als Oberhaupt des Bundes hatte der König von Preußen in der Bundesverfassung die Titel „Bundespräsidium" und „Bundesfeldherr". Ihm stand zur Seite der die verbündeten Regierungen vertretende Bundesrat, in welchem sich Preußen, obwohl die übrigen Bundesglieder an Ausdehnung weit überragend, mit 17 von 43 Stimmen begnügte, und dessen Vorsitz der vom Präsidium ernannte Bundeskanzler führte. „Militärisch" war der Bund ein

Einheitsstaat, politisch ein Mittelding zwischen Bundesstaat und Staatenbund." Von einem Bundesministerium war Umgang genommen, um die Souveränität der Bundesglieder aufrecht zu erhalten und jeden Schein einer Mediatisierung zu vermeiden. Der Mangel an politischer Einheit war durch die des Bundesheeres ersetzt. Daß die Mitglieder des Reichstages keine Entschädigung beziehen sollten, verwarf der Reichstag am 30. März mit kleiner Mehrheit; die Regierungen erklärten jedoch diesen Beschluß als unannehmbar, indem Diäten die Unabhängigkeit der Abgeordneten ausschlössen und in ihnen die Gefahr einer Verirrung des Wahlrechts liege, ohne sie aber die Wahlen auf Leute von Bedeutung beschränkt würden. Die seitherige Erfahrung hat diesen Standpunkt nicht gerechtfertigt, und es wird jetzt gewiß jeder wahre Freund Deutschlands wünschen, die Reichsverfassung wäre von vornherein, wenn auch mit Wahrung des allgemeinen Stimmrechts, auf indirekte Wahlen mit Gewährung von Diäten begründet worden.

Direkte Wahlen vertragen sich schlechterdings nur mit einer Republik; in einer Monarchie führen sie notwendig zu unhaltbaren Zuständen; ohne sie hätte die Sozialdemokratie ihre Erfolge niemals errungen. Ohne daß die Anhänger der Diäten ihren Grundsatz aufgaben, wurden, um die Verfassung nicht scheitern zu machen, die Diäten mit 178 gegen 90 Stimmen fallen gelassen. Die Annahme der Verfassung erhielt schließlich am 16. April 230 gegen 53 Stimmen. Ein Jahr darauf trat auch das Vorbild des künftigen deutschen Reichstages, das Zollparlament, ins Leben.

Nach diesem Erfolge, der das Hauptziel Bismarcks sicher stellte, sollte sofort auch des Kanzlers weiterer Plan, der eines Bündnisses mit Österreich, ins Werk gesetzt werden. An der Spitze des Kaiserstaates stand aber jetzt der ausgeschiedene sächsische, franzosenfreundliche Minister Graf Beust. Bismarcks in Übereinstimmung mit Baiern gestellter Antrag wurde jedoch zurückgewiesen, unter dem Vorwande, daß Österreich seine volle Freiheit behalten wolle, in Wahrheit aber, weil Beust für seinen Sturz in Sachsen auf Rache an Preußen dachte, die er mit Hilfe Frankreichs zu vollführen hoffte.

Denn zu Beusts großer Freude und unter seiner Beteiligung wurde bald darauf die Minierarbeit zu dem Rachekriege, den Napoleon wegen Luxemburg und wegen der Verträge mit den Südstaaten gegen Preußen braute, begonnen. Es ruht über der Sache noch vieles Dunkel; allein es liegen Enthüllungen genug vor, welche keinen Zweifel daran lassen, daß im Jahre 1869 Graf Beust den Kaiser von Österreich dahin gebracht hatte, mit dem Verräter und indirekten Mörder seines unglücklichen Bruders, Maximilian von Mexiko, einen Vertrag abzuschließen, welcher ausdrücklich sagte, daß die bewaffnete Neutralität Österreichs und Italiens bestimmt sei, sich in bewaffnete Mitwirkung zu gunsten Frankreichs gegen Preußen umzuwandeln. Diese Umwandlung sollte darin bestehen, daß von Preußen durch ein Ultimatum die Verpflichtung gefordert werden sollte, nichts gegen den durch den Prager Frieden festgestellten status quo zu unternehmen. „Die österreichischen Unterhändler sagten damals mit Recht, die Weigerung Preußens sei gewiß und werde den verabredeten Feindseligkeiten das Zeichen geben." Das hier Mitgeteilte ist Depeschen des Grafen Beust entnommen, welche der Duc de Gramont (1861—1870 französischer Botschafter in Wien) 1873 veröffentlichte, ohne daß Beust eine Feder zur Ableugnung oder auch nur zur Abschwächung anrührte. Ja, er druckte jene Depeschen in seinen Denkwürdigkeiten ab, ohne ein thatsächliches Wort darüber zu sagen! Waren für Österreich allenfalls Gründe der Revanche für Sadowa gegenüber Preußen vorhanden (warum denn aber nicht gegenüber Frankreich für Magenta und Solferino?), so ist es noch weit erstaunlicher, daß Victor Emanuel sich soweit verirrte, sich gegen seinen Bundesgenossen von 1866, dem er Venetien verdankte, mitzuverschwören. Die 1878 gemachten Enthüllungen des Prinzen Jérôme Napoleon weisen auf ein ebenfalls 1869 verhandeltes Bündnis zwischen Frankreich und Italien, dessen Macher Rouher, Lavalette und Menabrea, dessen Begünstiger Beust und Metternich waren. Die übrigen italienischen Minister waren bestürzt, als sie von dem Verrate an Preußen hörten; da sie aber an die Überlegenheit Frankreichs glaubten, sprachen sie sich dahin aus, Italien sei bereit, ein Schutzbündnis einzugehen, das sich in ein Trutzbündnis verwandeln ließe, wenn Frankreich seine Truppen aus Rom zurückziehe und Deutschlands Errungenschaften von 1866 unangetastet lasse. (Eine leere Phrase, da sie ja wohl wissen mußten, daß Frankreichs und auch Österreichs Zweck eben war, jene Errungenschaften zu vernichten. Von einem Verzicht auf Rom aber wollte Napoleon nichts wissen, weil seine fromme und doch kriegerische Eugénie nichts davon wissen wollte. Und dennoch dauerte das Einverständnis und der Briefwechsel der drei Mächte bis zum Ausbruche des Krieges von 1870 fort; denn Italien gab die Hoffnung nicht auf, das erlösende Wort „Rom" werde doch noch einmal gesprochen werden.

Wer aber von alledem nichts merkte und dennoch eine politische Rolle spielen wollte, das war die preußische Fortschrittspartei, deren gelehrte, ehrenwerte und freiheitsbegeisterte, aber politisch kurzsichtige Führer am 20. Oktober desselben Jahres 1869 von ihrem Vaterlande eine Beschränkung der Militärausgaben und die Herbeiführung einer allgemeinen Abrüstung durch diplomatische Verhandlungen verlangten!!!

Es mußte ein französischer Oberst, der Baron Stoffel (geborener Schweizer), jenem rührend-poetischen Standpunkte gegenüber darlegen, daß „Abrüstung" (désarmement) in Staaten mit dem Aushebungssystem möglich sei, nicht aber in einem solchen mit allgemeiner Wehrpflicht, welche damals noch nirgends als in dem unter Preußens Führung stehenden Deutschland eingeführt war. Jene Staaten brauchten nur weniger Mannschaften auszuheben; dieser könnte ihnen nur folgen, wenn er die allgemeine Wehrpflicht aufhöbe, die im notwendigen Einklange mit dem allgemeinen Stimmrecht und der allgemeinen Schulpflicht steht. Die Schrift Stoffels, im Februar 1870 erschienen, war ein Loblied auf Preußen, d. h. auf Norddeutschland, wie es kein Preuße oder Deutscher besser hätte anstimmen können.

War es wohl die Sicherung des fortschrittlichen Weltfriedens, zu deren Beförderung eben damals Erzherzog Albrecht, das Haupt der österreichischen Kriegspartei, sich nach Paris begab und General Lebrun den Gegenbesuch in Wien machte? Prinz Jérôme Napoleon sagt ausdrücklich, daß der bevorstehende Krieg den Gegenstand der Besprechungen bei diesen Besuchen bildete.

Im Gegensatze zu dem Wahne allgemeiner Friedfertigkeit der Völker, von dem die Fortschrittspartei träumte, stand Napoleon auf einem Vulkan, der entweder ihn selbst verschlingen oder seine Lavaströme über die Grenzen der Nachbarn ausgießen mußte. Das seit dem 2. Januar des Kriegsjahres regierende Ministerium Emil Ollivier wollte diesen Ausbruch beschwören durch das Plebiszit, das dem Volke schmeichelte, dem es auf Antrag des Kaisers den Beschluß von Verfassungsänderungen gewährte und dem gegenüber es den Kaiser als verantwortlich erklärte. Mit sieben und einer Drittelmillion gegen anderthalb Millionen Stimmen wurde am 8. Mai 1870 dieses Plebiszit angenommen. Kein Geringerer als Jules Ferry hat später gesagt, das Plebiszit habe „dem persönlichen Regiment (des Kaisers) eine Verblendung eingeflößt, die es bis zum Kriege geführt hat". Gambetta sagte ebenso nach dem Kriege, er habe geglaubt, das Plebiszit würde in den Krieg auslaufen, von ihm komme alles Unheil her.

Es war im Juni 1870, als der General Lebrun seine erwähnte Reise nach Wien machte und hier mit dem Erzherzog Albrecht den Kriegsplan fest setzte. Ein konfuserer Plan ist wohl kaum je ausgedacht worden; es hat kein Schatten von einem Moltke dabei mitgewirkt. Es wurde angenommen, Frankreich brauche zur Mobilisierung nur 2, Italien und Österreich aber 6 Wochen. Bis die beiden letzteren nachkämen, sollten die Franzosen den Feind über die Angriffsrichtung täuschen (Moltke täuschen!), und dann über den Rhein, die Italiener nach Baiern, die Österreicher aus Böhmen über Sachsen nach Berlin marschieren. Bei Magdeburg sollten sich Franzosen und Italiener vereinigen, alles wie wenn in ganz Deutschland kein Soldat auf den Füßen stände. Napoleon aber wollte sich zum Schirmherrn Süddeutschlands gegen die „preußische Unterdrückung" erklären. Auf Mitte Juli war die Kriegserklärung, auf Ende

Juli der Rheinübergang angesetzt, und noch am 30. Juni log Ollivier: „Zu keiner Zeit war die Aufrechthaltung des Friedens gesicherter als jetzt." Nach dem Kriege aber gestand er, alle Vorbereitungen zu demselben gekannt zu haben. Es handelte sich nur noch darum, eine Posse zu erfinden, die als Vorwand zum Kriege dienen könnte. Auf alle Fälle bediente man sich des Kniffes, daß der Kriegsminister Leboeuf erklärte, er brauche für 1871 nur 90000 statt 100000 Rekruten. Das sollte soviel heißen als eine Abrüstung, und diese sollte als Aufforderung an das übrige Europa dienen, ebenfalls eine solche vorzunehmen; bei Deutschland hätte dann die Ablehnung einen Bruch zur Folge gehabt.

Als eigentlicher Kriegsvorwand aber wurde die Königswahl in Spanien erkoren. Unter den dortigen Kandidaten hatte die meiste Aussicht der Erbprinz Leopold von Hohenzollern-Sigmaringen. Die leitenden Kreise Frankreichs stellten sich, als ob sie in dessen Wahl eine Beeinflussung Spaniens durch Preußen wittern würden, obschon auf die Anfrage des spürgewandten Benedetti Bismarck antwortete: eine solche Regierung würde nur kurze Dauer haben und sie werde von deutscher Seite nicht, ja nicht einmal vom Vater des Prinzen, dem Fürsten Karl Anton, gewünscht. Auch Leopold selbst war nichts weniger als bereitwillig zur Annahme, wenn sie ihm auch verlockend erschien. In Madrid hatte der französische Gesandte Mercier hierüber lange Besprechungen mit Marschall Prim, dem spanischen Königsmacher und damals wohl dem tüchtigsten Manne des Landes, der sein ganzes Vorgehen von Napoleons Willen abhängig machte und sich sehr bestimmt über die Unmöglichkeit aussprach, daß das Vaterland des künftigen Königs in Spanien Einfluß gewinnen könnte. Mercier äußerte sich aber nur persönlich über die Kandidaturen und hütete sich wohl vor einer entschiedenen Einsprache, nach welcher der Vorwand weggefallen wäre. Als nun keine solche von Frankreich erfolgte wurde Leopold vom spanischen Ministerium den Cortes, welche am 20. Juli zusammentreten sollten, vorgeschlagen. Der französischen Regierung war dies wohl bekannt, und sie hatte Zeit genug zum Proteste, wenn sie solchen da erheben wollte, wo er hingehörte. Dies wollte sie aber eben nicht, und der Minister des Auswärtigen, Duc de Gramont, wandte sich nicht nach Madrid, sondern an die Presse und nach Berlin. Die Agentur Havas faselte sofort von einer Wiederherstellung des Reiches Karls V., und der französische Gesandte Le Sourd hielt eine ihm von Paris zugesandte Rede auf dem preußischen auswärtigen Amte, dessen Vertreter, von Thile, ihm antwortete, daß die Sache die preußische Regierung nichts angehe. Die französische Presse wurde nun von oben her aufgeregt und aufgehetzt, und im gesetzgebenden Körper wurde am 5. Juli die Regierung interpelliert, worauf sie eine sehr mäßige

Antwort erteilen wollte, in der von Preußen gar keine Rede war, in welche aber Napoleon die boshafte Dummheit oder dumme Bosheit vom Reiche Karls V. und von einer Absicht Preußens bei der Sache hineinflocht. Die Minister fügten sich ungern, indem sie die Folgen wohl voraussahen. Dieses wahnwitzige Verhalten Napoleons wurde der Kaiserin Eugénie zugeschrieben, welche seit 1865, da sie Regentin war, mehr Einfluß auf die Regierung hatte als die Minister und seit 1866 unablässig den Rachekrieg gegen Preußen schürte, den sie „una petite guerre" nannte, ohne zu ahnen, daß er als grande guerre sie um Thron und Land bringen werde. Die Kenntnis von den Verabredungen mit Österreich und Italien reduziert aber diese Annahme um ein ziemliches. Als Gramont die Antwort auf die Interpellation in der Kammer verlas, herrschte Stille bis zu den herausfordernden Einschaltungen des Kaisers, welche tobenden Beifall zur Folge hatten, in den die Tribüne stürmisch einstimmte. Nur die äußerste Linke protestierte gegen diese „Kriegserklärung", worauf Ollivier, der doch alle Kriegsvorbereitungen kannte, die Friedensliebe der Regierung pries. Die Presse, die der äußersten Linken nicht ausgenommen, war einstimmig im Lobe der Minister und begrüßte ihre Erklärung „als den ersten Stoß in die Posaune des lange mit Sehnsucht erwarteten Rachekrieges". Es ist wohl noch nie so viel Entrüstung über einen nicht existierenden Plan an den Tag gelegt worden. Die Demokraten aller Länder und die Franzosen aller Parteien haben seit dem Krieg behauptet, der Haß Frankreichs gegen Deutschland rühre von der Besitznahme Elsaß Lothringens her. Will man sich aber an die Äußerungen vor dem Kriege erinnern, als noch kein Schuß abgefeuert, geschweige denn etwas annexiert war, so muß man zugeben, daß jener Haß heute nicht stärker sein kann, als er vor zwanzig Jahren für nichts und wieder nichts war! Ohne noch etwas verloren zu haben, ja ohne irgend eine wirkliche Veranlassung verlangten die Franzosen damals viermal mehr, als sie später einbüßten, nämlich die ganzen deutschen Rheinlande. Es war, als wäre ganz Frankreich ein Irrenhaus geworden. Die Kriegserklärung wurde verlangt, gleichviel, welche nachgiebigen Schritte Preußen thun würde. Es half nichts, daß die spanische Regierung erklärte, der neue König würde und könnte keine andere als spanische Politik getrieben haben, nichts, daß der Unterhändler mit Leopold, Salazar y Mazarredo, beteuerte, die preußische Regierung habe sich mit keinem Worte in die Sache gemischt und König Wilhelm sei selbst überrascht, daß der Prinz schließlich angenommen habe. Unberufenerweise mischte sich die englische Regierung ein und mahnte, nicht etwa in Paris von dem verrückten Lärm, sondern in Madrid und Berlin von der beabsichtigten Königswahl bez. Kronannahme ab, obwohl der Botschafter in Paris, Lord Lyons, über die maßlose Sprache Olliviers und Gramonts und über die sofort angeordneten französischen Rüstungen erstaunt war. Lügenhafterweise fügte Gramont bei, ein freiwilliger Verzicht des Prinzen auf die spanische Krone würde eine sehr glückliche Lösung sein. Und diese Lösung trat ein, war aber keine glückliche, — sie durfte es nicht sein.

Inzwischen war der Corse Benedetti wieder auf die Bildfläche getreten. Derselbe erhielt von Gramont den Befehl, von König Wilhelm, der im Bade Ems weilte, zu verlangen, daß er dem Prinzen Leopold den Rat erteile, seine Zusage zurückzunehmen. Sofort aber ließ Gramont am 7. Juli dieser Depesche ein Schreiben folgen, in welchem er log, der Prinz Leopold habe gestanden, den Königsplan mit der preußischen Regierung abgekartet zu haben, und beifügte, die einzige Frankreich befriedigende Antwort des Königs wäre eine offene Mißbilligung der Zusage des Prinzen und ein Befehl an diesen, seinen Entschluß zurückzunehmen. Er schloß, die Sache habe Eile; denn im Falle einer ungenügenden Antwort „müßten wir die Vorhand haben, um in 15 Tagen ins Feld rücken zu können". Denn nur wenn in diesen zwei Wochen 40000 Franzosen mobil wurden und ungeschlagen über die deutsche Grenze kamen, fand der Aufmarsch der Österreicher und Italiener statt. Benedetti fand nicht den Mut, vom König einen Befehl an den Prinzen zu verlangen, und bat ihn nur, auf diesen einzuwirken, worauf der König antwortete, die preußische Regierung sei den Verhandlungen zwischen Leopold und Spanien durchaus fremd und er, der König, habe sich geweigert, einen spanischen Abgesandten zu empfangen, der ihm einen Brief von Prim übergeben wollte. Er habe den Prinzen weder ermutigt, noch ihm abgeraten, die Krone anzunehmen. Frankreich möge seine Forderungen in Madrid anbringen. Gegenüber der Erklärung Gramonts hielt der König seinen Unwillen nicht zurück und nannte seine Behauptung von Preußens Einverständnis eine grundlose und „fast eine Herausforderung".

Am 12. Juli entsagte Prinz Leopold, um Verwickelungen zu verhüten, der spanischen Thronkandidatur, und dieser Verzicht wurde in wirklich staatsmännisch korrekter Weise weder nach Berlin, noch nach Paris, sondern nach Madrid gerichtet. Das war nun für Napoleon und Gramont sehr unbequem, und letzterer verlangte sofort von Benedetti, vorzugeben, als hätte dieser den Verzicht durch die preußische Regierung erhalten. Ollivier, der nicht in dieses Komplott gezogen war, äußerte in der Kammer gegen Thiers offen seine Freude über diese Lösung. „Wir haben den Frieden", rief er triumphierend. Die bonapartistischen Schreier unter den Abgeordneten beschimpften aber die friedliebenden Minister als Feiglinge. Im Einklange damit sagte Gramont zum spanischen Botschafter Olózaga, der ihm den Verzicht vorwies, ein Rücktritt in dieser Form fördere die Sache nicht, sondern verwickele sie nur noch mehr, und zum preußischen Gesandten von Werther: der Verzicht des Prinzen sei Nebensache, da Frankreich seine Thronbesteigung doch nie zugelassen hätte; er wünschte, der König würde sich entschuldigen, daß er die Annahme der Krone durch den Prinzen zugelassen, indem er nicht geglaubt hätte, damit Frankreich zu nahe zu treten. Ja, er gab dem preußischen Gesandten das Konzept zu dieser Entschuldigung mit! Lord Lyons war empört über solche Zumutung und legte den ausbrechenden Krieg im voraus der französischen Regierung zur Last. Der charakterlose Ollivier aber wurde von Gramont sofort umgestimmt und fand dessen Verfahren vortrefflich. Gramont, vom Kaiser am 12. Juli unterrichtet, was nun zu thun sei, telegraphierte sofort an Benedetti, es sei notwendig, daß sich der König der hohenzollerschen Verzichtleistung anschließe und Frankreich die Versicherung gebe, daß er diese Bewerbung nicht von neuem zulassen würde. Benedetti brachte am andern Morgen dem König auf der Brunnenpromenade in Ems diesen Auftrag. Natürlich lehnte Wilhelm I. die ihm zugemutete Demütigung ab. Der damals gemeldete heftige Wortwechsel ist Mythe. Nur eine neue Audienz in dieser abgethanen Sache verweigerte der König dem zudringlichen Diplomaten.

Es gab immer noch eine kleine Partei vernünftiger Leute in Paris, welche durch den Verzicht des Prinzen Leopold die Frage abgethan glaubten; aber als der „Constitutionnel" sich in diesem Sinne zu äußern wagte, stimmte die übrige Presse, „la Presse" voran, ein neues Indianergeheul an. Am aufrichtigsten war dabei noch der klerikale „Univers", welcher doch gerade heraussagte, was die anderen mit Phrasen übertünchten, nämlich: „Frankreich kann nicht zulassen, daß Preußen sich noch weiter vergrößere; um es daran zu hindern, muß man es verkleinern . . . . Lieber heute als morgen." Das Straßenpublikum schloß sich dieser Stimmung an und schrie nach Krieg. Der Kriegsminister Lebœuf erhielt Auftrag, die Reserven einzuberufen. Verstärkt wurde die kriegerische Stimmung noch, als die Kunde von Äußerungen des Grafen Bismarck gegen den britischen Gesandten Lord Loftus verbreitet wurde, welche dahin gingen, daß Gramont durch einen Widerruf oder eine hinreichende Erklärung seine drohende Sprache gut machen müsse, welche eine Beschimpfung enthalte, die Preußen nicht hinnehmen könne. Jetzt schlug die Stimmung in England zu Deutschlands Gunsten um. In Frankreich aber kehrte man den Spieß um und wollte sich dasselbe nicht gefallen lassen, was man Preußen zugemutet hatte. Als man nun vernahm, daß auch Preußen rüste, fügten sich die fünf friedliebenden Minister, und die Regierung beantragte am 15. Juli in beiden Kammern den Krieg, der auch in beiden mit großem Beifall begrüßt und mit großer Mehrheit beschlossen wurde. Im gesetzgebenden Körper hatte Thiers den Mut, trotz seinem Chauvinismus gegen diesen Krieg zu sprechen. Man beschimpfte ihn, bedrohte ihn mit Fäusten und schnitt ihm das Wort

ab. Ja die Kammer wollte nichts von den Depeschen hören, die ihre Kriegs=
erklärung begründen sollten; sie wollte schlechterdings den Krieg, den grund=
losen Krieg. Am 19. Juli wurde die Kriegserklärung in Berlin auf einem
elenden Stück Papier übergeben.

Bei dieser Entscheidung in der Kriegsfrage ist es natürlich, danach zu
fragen, wie es denn damals mit dem Kriegsbündnisse zwischen Frankreich,
Österreich und Italien aussah, und warum dasselbe nicht ins Leben trat.
Um Italien festzuhalten, hatte Napoleon ihm die Nachfolge in der fran=
zösischen Okkupation Roms angeboten, aber unter der Bedingung, das Gebiet
des Papstes nicht anzutasten. Zudem verpflichtete sich Beust, Italien noch
„bessere Bedingungen" auszuwirken. Am 24. Juli sollte der Vertrag zwischen
den drei Mächten auf Frankreichs Verlangen zu einem förmlichen Bund er=
hoben werden; aber Österreich und Italien trauten der Sache nicht recht, ohne
von Frankreich Gegenleistungen zu erhalten. Sie knüpften ihre Zusage der
Kriegsbereitschaft auf den 1. September an den vorherigen Einbruch der Fran=
zosen in Süddeutschland. Da dieser aber aus guten Gründen bekanntlich nicht
stattfand, hatte das famose Bündnis keine weiteren Folgen.

Obschon Marschall Leboeuf versicherte, Frankreich sei zum Kriege allbereit
(archi-prêt), zeigte es sich doch, daß es überall und an allem fehlte, an
Geld in den Kassen, an Zwieback, Reis, Kaffee, Feldbacköfen, Krankenträgern,
Marketendern, Vorspann. Ja man hatte keine Karten der Grenzgegend;
Generale fanden ihre Truppen nicht, Truppen warteten vergebens auf ihre
Generale. Hier häufte sich das Material an, dort fehlte es vollständig.
Allgemeiner Wirrwarr herrschte an allen Orten. Welch anderes Schauspiel
bot dagegen Deutschland dar! Die mannigfache Opposition, welche das Ver=
hältnis zum Norddeutschen Bunde in Süddeutschland erfuhr, die scheinbar
großen Anhänge, welche der Exkönig von Hannover und der Exkurfürst von
Hessen gefunden hatten, konnten Frankreich und dessen Verbündete auf den
Glauben bringen, in Deutschland als Befreier von preußischer Tyrannei
empfangen zu werden. Aber wie mit einem Schlage verschwand jene Uneinig=
keit sofort, als das Verfahren der französischen Regierung vom 15. Juli be=
kannt wurde. Ein Jubelruf der Entschlossenheit durchbrauste an Stelle des
anfänglichen Zornrufes der Empörung nicht nur ganz Norddeutschland, sondern
sofort auch die verbündeten süddeutschen Staaten. Noch am 15. Juli, an
welchem der König in Berlin zurück war, wurde die Mobilmachung angeordnet,
der Bundesrat auf den 16., der Reichstag auf den 19. Juli einberufen. Es
gab keine Parteien, keine widerwilligen Stämme mehr. Auch die Fortschritts=
partei schloß sich an das an, was sie stets bekämpft hatte, an Deutschland in
Waffen. Auch die Klerikalen erinnerten sich, daß sie außer Rom noch ein

Vaterland hatten. Selbst die Demokraten des Südens entrollten die deutsche Fahne, und in Stuttgart vereinigten sich alle Stände, alle Parteien zu einer imposanten Kundgebung, ebenso in Baiern an verschiedenen Orten. In der Sitzung des Reichstages am 19. Juli folgte der Anzeige Bismarcks, daß ihm soeben die Kriegserklärung übergeben worden, „ein donnerähnlicher Ausbruch von Hoch= und Bravorufen".

Moltke ordnete sein drittes Schachbrett: der Krieg brach aus. Im scharfen Gegensatze zum Feinde war alles musterhaft geordnet. Am 31. Juli waren drei deutsche Armeen unter General Steinmetz, Prinz Friedrich Karl und dem Kronprinzen in der Rheinpfalz aufgestellt, und an demselben Tage erließ König Wilhelm eine Amnestie für alle politischen Verbrechen und Vergehen, welche auch der Welfenlegion zu gute kam, die der Exkönig Georg, als seine Pläne gescheitert waren, in Paris schmählich auf dem Pflaster hatte liegen lassen. Meding=Samarow reiste von Oberhofen bei Thun in der Schweiz, wo er wohnte, nach Paris, mitten durch die französische Armee, deren elenden Zustand er staunend mit ansah, mahnte seine unglücklichen Landsleute, sich ruhig zu verhalten, und als er zurückkam, erhielt er eine Einladung Bismarcks nach Berlin. Auf dieser Reise von der deutschen Armee ein ganz anderes Bild gewinnend, ein Bild der ausgezeichnetsten Ordnung, Disziplin und Begeisterung, erhielt er in Berlin die Zusage einer Pension für sich und jeden der bisher verbannten hannoverschen Offiziere von je 1200 Thalern, und alle die Beteiligten versöhnten sich gern mit dem werdenden neuen deutschen Reiche.

Was aber zu dessen Schöpfung besonders beitrug, war die Freude, mit der sich die dritte Armee, welche aus den süddeutschen Truppen bestand, unter den Befehl des Kronprinzen Friedrich Wilhelm stellte. Der herrliche Mann, dem leider eine nur kurze Regierung und ein früher Tod beschieden waren, schrieb damals in sein Tagebuch: „Unser Hauptgedanke ist, wie man nach erkämpftem Frieden den freisinnigen Ausbau Deutschlands weiterführe." Seine Reise nach Süddeutschland war ein Triumphzug.

Am 31. Juli war König Wilhelm von Berlin zum Kriegsschauplatze aufgebrochen, und auf dieser Reise wurde die vor dreißig Jahren in der Schweiz von Max Schneckenburger gedichtete „Wacht am Rhein", die von allen deutschen Stämmen gesungen wurde, zum neuen deutschen National= und Kriegsgesange, und auch dies trug nicht wenig zur neu befestigten Einheit bei. Bevor der König die französische Grenze überschritt, erließ er am 11. August die nachher so vielfach entstellte Ansprache an das französische Volk, in welcher es wörtlich hieß: „Ich führe Krieg mit den französischen Soldaten und nicht mit den Bürgern Frankreichs. Diese werden demnach fortfahren, einer vollkommenen Sicherheit ihrer Personen und ihres Eigentums zu genießen, und zwar so lange, als sie mich nicht selbst durch feindliche Unternehmungen gegen die dertschen Truppen des Rechtes berauben werden, ihnen meinen Schutz angedeihen zu lassen."

Das Verhängnis Frankreichs, und zwar vorerst das des zweiten Kaisertums, ging seinen Gang. Am 1. September schrieb Napoleon mit zitternder Hand bei Sedan an König Wilhelm:

Monsieur mon frère. N'ayant pas pu mourir au milieu de mes troupes, il ne me reste qu'à remettre mon epée entre les mains de Votre Majesté. Je suis de Votre Majesté le bon frère,

Sedan, le 1 Septembre. Napoléon.

Das deutsche Heer begrüßte den Frieden, „den alle Welt, sagt Ducken, näher glaubte als er wirklich war. Erst offenbaren sollte sich, was damals niemand ahnte: der Degen, den Napoleon übergeben hatte, war nur der Degen eines gewesenen Kaisers, aber der Degen Frankreichs war es nicht".

Als Paris erfuhr, daß der Kaiser und sein Heer kriegsgefangen seien, brach am 4. September die Revolution aus; Napoleon und sein Haus wurden abgesetzt, die Kaiserin floh, die Republik wurde ausgerufen und an deren Spitze eine provisorische Regierung von 11 Mitgliedern (Arago, Cremieux, Ferry, Gambetta u. A.) mit dem Titel „Regierung der Nationalverteidigung" gestellt. Alle Präfekturen wurden mit Republikanern besetzt. Neben der neuen Regierung aber bildete sich zugleich ein Zentralkomitee der Sozialdemokraten und Anarchisten, zwischen denen es in Frankreich bekanntlich keinen Unterschied giebt. Die Hauptleiter dieser Wurzel der spätern Commune von Paris waren Delescluze, Blanqui und Felix Pyat. Die Nationalgarde war dieser Nebenregierung vollkommen ergeben. Es gab nun zwei Regierungen in Paris, von denen keine den Anspruch erheben konnte, die französische Regierung zu sein. Die Regierung Nr. 1 war für den Krieg gegen die Deutschen, die Regierung Nr. 2 für denjenigen gegen die bürgerliche Gesellschaft errichtet. Nr. 1 war von Nr. 2 durchaus abhängig und ließ sich durch sie vorschreiben, von der Anordnung der Wahlen zu einer konstituierenden Versammlung zu abstrahieren.

Am 6. September erließ der Minister des Auswärtigen, Jules Favre, ein Manifest an die Mächte Europas, welches begann: „Der König von Preußen hat erklärt, daß er Krieg führe nicht gegen Frankreich, sondern gegen das Herrscherhaus, das am Boden liegt." Wir haben oben gesehen, daß der

König nicht dies erklärt hat, sondern daß er Krieg führe gegen Frankreichs Soldaten, nicht gegen seine friedlichen Bürger. Aber damals glaubten alle Franzosenfreunde Europas der falschen Angabe Jules Favres aufs Wort. „Frankreich steht auf", fuhr Favre fort, und fragte dann: „Will der König von Preußen einen sündhaften Krieg (lutte impie) fortsetzen, der ihm mindestens ebenso verhängnisvoll werden wird wie uns?" Hatte Favre vergessen, was für ein Krieg es war, den seine Nation begonnen hatte? „Wir opfern", schrieb er weiter, „nicht einen Zoll von unserm Lande, nicht einen Stein von unsern Festungen!" Damals riefen alle Franzosenfreunde: Deutschland hätte nach Sedan Frieden machen sollen. Frieden mit wem? Mit der Regierung Nr. 1, die von Nr. 2 abhängig, aber gleich dieser nur ein Pariser Stadtkomitee war und von vornherein die Bedingung aufstellte, daß sie auf keine Bedingung eingehe? Was aber die geträumten Bundesgenossen betrifft, so erklärte Italien durch seinen Gesandten, daß es nun Rom nehmen werde, und Österreich durch den seinigen: es könne für Frankreich nichts thun, weil Rußland gedroht habe, sich sonst mit Preußen zu verbinden; einen Frieden ohne Abtretung des Elsaß halte es nicht für möglich. Mit Mühe beredete Favre den kranken, alten Thiers, eine Rundreise durch Europa anzutreten, um für Frankreich einen günstigen Frieden zu erwirken. Thiers reiste nach London, Petersburg und Wien, ohne irgend etwas, ohne euch nur die Anerkennung der provisorischen Regierung zu erreichen. Unterdessen verhandelte Favre mit Bismarck, dessen Landsleute inzwischen vor Paris gerückt waren, konnte aber nicht mit ihm darüber einig werden, daß Frankreich, als besiegte Partei, sich das gefallen lassen müsse, was es selbst von anderen Völkern sogar ohne Krieg verlangt hatte, nämlich eine Gebietsabtretung. Der zurückgekehrte Thiers setzte diese Verhandlungen im November fort. Bismarck erklärte ihm, die soeben (31. Oktober) nur mit Mühe vor ihrem Sturze durch die Commune bewahrte Regierung biete keine Garantieen, verlangte die Wahl einer Nationalversammlung und forderte das Elsaß und drei Milliarden, nach dem Falle von Paris aber Elsaß-Lothringen und fünf Milliarden. Auch dies zerschlug sich.

Unterdessen waren Straßburg und Metz gefallen. Während der Belagerung von Paris hatte aber das Bedürfnis, die Waffeneinheit der Deutschen auch in eine politische übergehen zu lassen, schrittweise an Boden gewonnen. Der nachherige Kaiser Friedrich war der erste, welcher die Idee einer Wiederaufrichtung des Kaisertums anregte und sogar geneigt war, allfälliges Widerstreben von Sonderstaaten durch Gewalt zu beseitigen. Ihm schwebte ein einheitliches Reich mit Mediatisierung der bisherigen Fürsten vor. Bismarck war für die Kaiseridee nicht eingenommen, verwarf jeden Zwang und wollte nur das Erreichbare. Amtliche Beratungen über eine bundesstaatliche Einigung von Nord und Süd wurden, wenige Tage nach Sedan, in Würtemberg begonnen. Aus Baiern wurde dann berichtet, daß die dortige Regierung, welcher eine sächsische Denkschrift zugegangen sei, an Preußen den Wunsch nach Unterhandlungen in diesem Sinn gerichtet habe. Im Auftrage Bismarcks verhandelte Minister Delbrück in München mit Baiern und Würtemberg. Die vier süddeutschen Staaten sandten dann im Oktober Abgeordnete nach Versailles, und am 5. Dezember kamen die Beratungen mit ihnen zum Abschlusse. Schon zwei Tage vorher hatte König Ludwig II. von Baiern dem König Wilhelm vorgeschlagen, den Titel eines deutschen Kaisers anzunehmen. Schon am 9. Dezember schlug der Bundesrat dem in Berlin versammelten Reichstage vor, an die Stelle des Norddeutschen Bundes in dessen Verfassung die Bezeichnung „Deutsches Reich" zu setzen und dem Könige von Preußen als Oberhaupt des Reiches die Würde eines deutschen Kaisers zu übertragen. Der Reichstag erließ in diesem Sinn eine schwungvolle Adresse an den König, die mit 191 gegen 6 Stimmen (die der Sozialdemokraten) angenommen wurde. Derselbe Mann, welcher 21²⁄₃ Jahre vorher dieselbe Würde Friedrich Wilhelm IV. umsonst angetragen, Eduard Simson, reiste an der Spitze der Abordnung des Reichstags in das Hauptquartier der einstigen Residenz des „Sonnenkönigs", der die Pfalz hatte verwüsten lassen, und trug jene Würde dem Bruder dessen, der sie einst abgelehnt, mit mehr Erfolg an. Am 18. Dezember wurde die Abordnung im Empfangssaale der Präfektur feierlich empfangen. Die preußischen Prinzen, die deutschen Fürsten, die Generäle waren anwesend. Tiefgerührt erklärte der König, dem Wunsch der Fürsten und freien Städte und der Nation folgen zu wollen. Nachdem dann die süddeutschen Kammern den Anschluß an das Reich genehmigt, erklärte der neue Kaiser am 14. Januar 1871 die Annahme dieser Würde, und wurde in der glänzenden Versammlung im Spiegelsaale des Schlosses zu Versailles am 18. Januar zum deutschen Kaiser ausgerufen. Man hatte absichtlich nicht den Titel „Kaiser von Deutschland" gewählt, so sehr dies namentlich der Kronprinz gewünscht hatte, damit es nicht scheine, als ob irgend eine Verletzung der Souveränität der einzelnen Fürsten beabsichtigt würde.

Das Deutsche Reich war gegründet, — nicht das mittelalterliche römische Reich deutscher Nation erneuert, sondern ein modernes Reich, das dem deutschen Volke oder wenigstens seiner großen Mehrheit eine Einheit in den wesentlichsten Dingen verlieh. Mehr war zur Zeit noch nicht zu erwarten.

Indessen war Paris nahe an die Schwelle des Hungertodes und der Anarchie gelangt, — aus eigener Schuld, und Favre, welcher am 24. Januar zu Bismarck kam, war demütiger geworden. Am 28. Januar wurde ein Waffenstillstand geschlossen; am 26. Februar folgte der Vorfriede zu Versailles, welcher das Elsaß ohne Belfort und einen Teil Lothringens mit Metz an Deutschland brachte und diesem 5 Milliarden als Kriegskosten-Entschädigung zusprach. Am 1. bis 3. März erfolgte der Einzug eines Teiles des deutschen Heeres in das Westquartier von Paris; am 18. März begann der Aufruhr der Kommune, welcher der Welt, d. h. der, die nicht blind sein wollte, einen Vorgeschmack von dem gab, was die Sozialdemokraten und Anarchisten unter Freiheit und Kultur verstehen. Im Angesichte der deutschen Truppen wütete französischer Bürgerkrieg, bis am 28. Mai die Partei der Unkultur erlag. Indessen war am 10. Mai in Frankfurt der Friede zwischen Deutschland und Frankreich ein endgiltiger geworden, und beide Länder traten in neue, noch unabsehbare Perioden ihrer geschichtlichen Entwickelung ein.

II.
Was haben die Deutschen ihrer Einigung zu verdanken?

In politischer Beziehung ist obige Frage im ersten Teile vorliegender Arbeit bereits beantwortet. Es geht aus der darin enthaltenen geschichtlichen Darstellung klar hervor, daß, wenn es nach dem Sinne der „Fortschrittspartei" gegangen wäre und nicht vielmehr die energische Aktion der preußischen Regierung seit 1862 eingegriffen hätte, Deutschland heute noch in den elenden Verhältnissen des „Deutschen Bundes" und unter der Oberherrschaft des vorwiegend nicht deutschen Österreich gefangen läge. Es ist ein durchaus ungeschichtlicher, unhaltbarer und in der Luft schwebender Standpunkt, zu glauben, daß Programme einer Partei, und wenn sie noch so schön und verlockend sind, den Gang der Ereignisse bestimmen oder verändern könnten; dazu bedarf es der realen Machtverhältnisse, die sich auf Grund geschichtlich gegebener Faktoren, und zwar vorzugsweise gesunder staatlicher Existenzen entwickeln. Eine solche gesunde Existenz ist der preußische Staat; denn so oft politische Stürme ihn an den Rand des Untergangs brachten, hat er sich doch immer wieder aufgerafft, gründlich erholt und seine Kräfte neu gestärkt. Wie es ihm gelungen ist, das Deutsche Reich nicht als römisches Zwitterding, sondern, soweit es die realen Machtverhältnisse nur immer erlaubten, als wirklich deutsches einheitliches Staatsgebilde wieder zum Leben zu erwecken, hat die obige historische Darstellung gezeigt.

Das heutige Deutsche Reich umfaßt unter der Herrschaft der Reichsverfassung alle zum ehemaligen Reiche in seiner letzten Zeit gehörenden ganz oder vorwiegend deutschen Staaten mit Ausnahme der Besitzungen des Hauses Österreich, deren Stellung teils inner-, teils außerhalb des Reiches, wie die Geschichte zeigt, unhaltbar und mit dem Einheitsdrange der Deutschen unvereinbar geworden war. Dafür ist es dem Fürsten Bismarck gelungen, seinen längst gefaßten Plan auszuführen und das Deutsche Reich mit dem österreichisch-ungarischen Kaiserstaate in ein weiteres Bündnis zu vereinigen.

Als man in Österreich und Italien gleich zu Anfang des Feldzugs von 1870 durch die glorreichen Siege der deutschen Waffen und des deutschen Geistes überrascht war, schlug der frühere Kriegseifer sofort in sein Gegenteil um. Die beiden Mächte, welche Frankreich hatten helfen wollen, Deutschland zu vernichten, beziehungsweise zu unterdrücken oder zu teilen, schlossen sofort eine Friedens- und Neutralitätsliga. Mit wunderbarer Schnelligkeit kamen sie nun zu der Erkenntnis, daß Deutschland „mit seiner ganzen sittlichen und bürgerlichen Natur, mit seiner tief in die sozialen Verhältnisse einschneidenden Heeresverfassung keine Gefahr für irgend einen Nachbarstaat berge". („Presse" vom 14. August 1870.) Diese Überzeugung, die schon vor dem Kriege hätte Platz greifen können, ja wahrscheinlich dann Frankreich überhaupt vom Kriege abgehalten hätte, ging von Italien aus, und Österreich schloß sich ihr an. Weiter traten England, Dänemark und Rußland der Liga bei, was freilich die Großhandlungsfirma John Bull & Comp. nicht hinderte, die Franzosen während des ganzen Krieges für Geld und gute Worte mit Waffen zu versehen und zugleich über die Greuel des Krieges wehzuklagen. Und Rußland benutzte diese Friedensstimmung, sich der Fesseln zu entledigen, welche der Pariser Friede von 1856 seiner kriegerischen Benutzung des Schwarzen Meeres angelegt hatte. Es wußte wohl, daß es dies jetzt ungestraft thun durfte. Bismarck aber und seiner ungeachtet des noch fortdauernden Krieges vollführten geschickten Vermittelung zwischen Rußland und England ist es zu verdanken, daß dieser Zwischenfall friedlich vorüberging und die Konferenz in London denselben nach dem Wunsche Rußlands erledigte.

Die neue Stimmung Österreichs benutzte Graf Bismarck sofort nach der Übereinkunft mit den süddeutschen Staaten in Versailles, im Dezember, um Graf Beust von dieser den Prager Frieden berührenden Wendung der Dinge zu verständigen. Beust war froh, so guten Kaufs wegzukommen, und antwortete dem bisherigen Gegner in warmer Weise, anerkannte die Einigung Deutschlands unter Preußens Führung und erklärte sich im Namen seines Kaisers zur Herstellung inniger Beziehungen zum neuen Deutschland bereit. Dies Ergebnis hat den Anschluß Baierns an das neue deutsche Reich, der sonst zweifelhaft gewesen wäre, herbeigeführt. Graf Beust aber schied gegen Ende 1871 aus seinem Amte nicht nur als (wenigstens scheinbarer) Freund des neuen Deutschlands, sondern sogar als Verkündiger der spätern Tripelallianz zwischen Deutschland, Österreich und Italien als „eines mitteleuropäischen Bollwerks des Friedens".

Für den Austritt Österreichs ist das neue Deutsche Reich einigermaßen entschädigt durch die Erwerbungen der früher vom Reiche (bez. Bunde) ausgeschlossenen Provinzen Posen, West- und Ostpreußen, der von Dänemark getrennten Herzogtümer Schleswig, Holstein und Lauenburg und des im Kriege mit Frankreich zurückgewonnenen Reichslandes Elsaß-Lothringen. Durch letzteres ist die Westgrenze des Reiches gesichert. Straßburg war in französischen Händen ein stets bereites Ausfallsthor nach Deutschland, welches letzterm die Vertheidigung des Rheins überaus erschwerte. Es war durch das französische Elsaß ein förmlicher Keil in Deutschlands Leib hineingebohrt, wie der erste Blick auf die Karte sofort zeigt. Preußen verzichtete darauf, das gewonnene Land, wie allgemein erwartet, ja verlangt war, in sein Gebiet einzuverleiben. Fürst Bismarck (wie er seit dem März 1871 hieß) entschied sich für die durchaus neue Einrichtung, das erworbene Gebiet als ein dem gesammten Reiche gehörendes Reichsland zu organisieren. Er hielt es für leichter, daß die Elsässer sich mit dem Namen der Deutschen, als mit dem der Preußen befreunden würden. Was später im Interesse des Reiches und der Bewohner des Reichslandes zu thun sein werde, darüber, dachte er, solle man die Elsässer und Lothringer selbst hören, sobald sie einmal das Franzosenthum vollständig abgethan hätten. So bildet Elsaß-Lothringen einstweilen noch keinen Staat, sondern ein staatartiges Gebilde, das erst lernen muß, sich in die neuen Verhältnisse einzuleben, die die veränderten Umstände ihm sowohl, als ganz Deutschland auferlegt haben. Es ist einstweilen ein Glacis für das neu befestigte Deutschland. Wird es einst auch deutsch fühlen, so wird es erst erkennen, daß es an Deutschland einen bessern Schutz hat als an Frankreich. Deutschland hat aber gezeigt, daß es seinem neuen Reichslande nicht nur eine kriegerische, sondern auch eine hervorragende friedliche Bedeutung beilegt. Schon ein Jahr nach der förmlichen Rückerwerbung wurde in dem wieder deutschen Straßburg die 21. deutsche Universität, die Kaiser-Wilhelms-Hochschule, als ein Bollwerk deutscher Wissenschaft eingeweiht und krönte das Gebäude der deutschen Schule, die in dem Reichslande die französische Freiheit der Lernfaulheit bereits ersetzt hatte.

Der bisherige Zuwachs Deutschlands hat mit der in unseren Tagen erlangten Erwerbung des kleinen, aber strategisch wichtigen Felsens von Helgoland seinen Abschluß gefunden.

Ehe wir nun die Reichsverfassung in den Kreis unserer Betrachtung ziehen, wird es nicht ohne Interesse sein, einen Blick auf die Zustände zu werfen, welche vor Einführung derselben in Deutschland herrschten, und deren Vergleichung mit den heutigen in vielen Beziehungen belehrend sein dürfte. Irgend welche Vollständigkeit erlaubt uns der Umfang dieser Schrift nicht, und wir heben nur einige der sprechendsten Züge hervor.

Das Hauptübel vor der Errichtung des neuen Deutschen Reiches war die Kleinstaaterei, d. h. nicht der Bestand kleiner Staaten an sich, welche ja heute noch bestehen, sondern deren Ansprüche auf die Rolle vollsouveräner Mächte und die von ihnen geübte rechtlose Willkürherrschaft. Je kleiner dieselben waren, desto mehr verkamen sie in der Sucht, auf eine Bedeutung Anspruch zu erheben, die ihnen nicht gebührte (es gab noch im 18. Jahrhundert welche, die nur aus einer Burgruine und einem Dorfe bestanden). Diese Fürstentümer waren im ganzen lediglich Tummelplätze fürstlicher Launen und ihrer Ausbeutung durch Abenteurer, während ihre Herren mit Soldatenspielerei und Jagdwut, Oper und Ballett, Mätressen- und Günstlingswirtschaft das Volk aussogen. In den geistlichen Staaten rechnete man auf tausend Einwohner durchschnittlich 50 Geistliche und 250 Bettler. Wer nicht zu einem dieser Miniaturstaaten gehörte, war ein „Ausländer", wenn er auch noch so ein guter Deutscher war. Nicht einmal eine historische Berechtigung hatten diese „Staaten". Das Herzogtum Nassau z. B., das nur sechzig Jahre lang (1806—1866) lebte, war willkürlich aus verschiedenen Gebieten zusammengesetzt, die niemals zusammengehört hatten. Nicht dazu gehörte die Stadt Siegen, welche noch im vorigen Jahrhundert durch eine Mauer in die Gebiete zweier nassauischer Fürsten geteilt war!

Die stehenden Heere, welche diese kleinen Fürsten hielten, waren meist nichts als lächerliche Paradefiguren. Landgraf Ludwig IX. von Hessen hielt in Pirmasens ein Regiment aus Leuten aller Nationen, das nichts nützte und erst 1790 von seinem Sohne aufgehoben wurde. Graf Wilhelm von Schaumburg-Lippe baute im „Steinhudermeer" eine Grenzfestung gegen Hannover und unterhielt sie im tiefsten Frieden mit ungeheuern Kosten nach allen Regeln der Kriegskunst. Schlimmer war die Soldatenpresse, welche Friedrich Wilhelm I. von Preußen anwandte, um „lange" Gardisten zu erhalten, und wahrhaft entsetzlich der Handel, den seit 1775 Hessen-Kassel, Waldeck und Braunschweig trieben, indem sie ihre eigenen Landeskinder gegen Geld an England verkauften, das sie in Nordamerika „verwendete" und für jeden Gefallenen eine besondere Vergütung bezahlte, so daß ihr Tod ein Vorteil für den „Landesvater" war.

Noch länger als die Mißbräuche im Kriegswesen dauerten diejenigen in der Jagdliebhaberei. Ohne Gnade verwüstete dieselbe die Felder und Weinberge der Unterthanen. Die Gegenwehr wider diese Unbill wurde mit den schärfsten Strafen geahndet; ja die Bauern mußten selbst als Treiber dienen und sogar Teiche graben und mit weit hergeholtem Wasser füllen, damit sich ihre Peiniger das Vergnügen einer Wasserjagd gönnen konnten. Die Großstaaten Österreich und Preußen gingen in der Aufhebung des Jagdregals voran; die Kleinstaaten aber behielten es bis in die Mitte unseres Jahrhunderts bei und ließen es durch Juristen verteidigen. Im Herzogtum Nassau gab es bis zu dessen Ende (1866), und zwar in der Nähe der Hauptstadt Wiesbaden, Wildzäune, welche Privatwiesen als Wildfutterplätze einschlossen und öffentliche Wege sperrten.

Unter der frühern Zerrissenheit Deutschlands hatte namentlich dessen herrlicher Strom, der Rhein, zu leiden. Jede der kleinen Herrschaften an seinen Ufern sperrte den Verkehr auf ihm zu ihren Gunsten. Die Fahrten von einem Ufer zum andern wurden gegen bedeutende Abgaben verpachtet. „Die rechtsrheinische Fergge", sagt Karl Braun, „durfte nur Personen vom rechten auf das linke Ufer übersetzen und mußte leer zurückfahren, — der linksrheinische umgekehrt; der eine durfte nur Personen, der andere nur Güter übersetzen." Auch die Form der Nachen war vorgeschrieben, — alles bei schwerer Strafe. Für die Längsfahrten gab es auf deutschem Gebiet 25 Zollstätten. Statt sich aber zu bereichern, wurden die habsüchtigen Kleinstaaten und Reichsstädte ärmer, und Köln war „fast zu einer Bettlerherberge herabgesunken" (Braun), als die Vereinigung mit Preußen es wieder hob. Letztere Macht strebte nach Aufhebung der Rheinzölle, aber Nassau und Hessen Darmstadt sperrten sich dagegen, bis ersteres unterging und letzteres seine volle Souveränität verlor.

In unserm Jahrhundert hat die Zerrissenheit Deutschlands weiter nichts geleistet, als sich in aufeinanderfolgenden Reaktionen durch Haß gegen allen Fortschritt und jede Freiheit überboten; für die Wohlfahrt des Volkes wurde fast nichts gethan. Der 1814 wieder heimgekehrte „Kurfürst" von Hessen (der gar kein Kur-, d. h. Wahlfürst mehr war) hatte nichts Eiligeres zu thun, als mit dem Feudalwesen Zopf und Puder wieder einzuführen. Die Verfolgung der sog. demagogischen Umtriebe in den zwanziger Jahren schreckte vor Lächerlichkeiten nicht zurück, indem sie z. B. das Turnen unterdrückte, während sie ohne alle Rücksicht auf gesetzliches Verfahren hochgeachtete Männer und schuldlose Menschen in Kerkern schmachten ließ, oder zur Landesflucht trieb, ohne einen einzigen Hochverräter zu entdecken. Ebenso wurden in den dreißiger Jahren auf Angeberei und Verrat Preise und Belohnungen gesetzt, freisinnige Lehrer und Beamte ihrer Stellen beraubt, schuldlose Männer eingekerkert. Professor Jordan in Marburg schmachtete im Gefängnis, weil er, wie das „Urteil" lautete, „hochverräterische Unternehmungen nicht verhindert habe"; Pfarrer Weidig starb im Kerker, und sein Untersuchungsrichter erhielt einen Orden. König Ernst August von Hannover (ein Engländer!) hob 1837 die Verfassung willkürlich auf und vertrieb die ihr treu bleibenden sieben Göttinger Professoren. In Baiern mußten protestantische Soldaten vor der Monstranz auf die Knie fallen und angebliche Majestätsverbrecher vor dem Bilde des Königs Abbitte leisten, während borniertte Censoren die Gedichte desselben

Königs unterdrückten, wie auch Dantes „Göttliche Komödie", — „weil mit göttlichen Dingen nicht Komödie gespielt werden dürfe!!!"

Nicht besser ging es in den vierziger und fünfziger Jahren zu. Während Männer wie der Dichter Hoffmann von Fallersleben und der Richter, der den angeklagten Jacobi von Königsberg freigesprochen, entsetzt, wurden die Eichhorn, Stahl und Schelling blos wegen ihrer reaktionären Gesinnung an die Spitze der geistigen Thätigkeit in Preußen gestellt. Wie aber die Verfolgung von 1830 ff. den Liberalismus, so stärkte die von 1840 ff. nur den Radikalismus, und die von 1850 ff. den Sozialismus, und alle drei beförderten die Auswanderung der Deutschen nach Amerika! Die von Raumer, Stiehl und Mühler versuchte Herabdrückung der Volks- und Lehrerbildung und Einführung mechanischer Frömmelei scheiterte schmählich. — Die Absetzung Prof. Biedermanns in Leipzig wegen Beleidigung Napoleons III. (!) empörte allgemein, und das Treiben der Vilmar und Hassenpflug in Hessen, der Borries in Hannover, der Kliefoth in Mecklenburg u. s. w. beschleunigte den Untergang des Systems vor 1866.

Es ist wohl zu merken, daß die Regenten der 1866 aufgelösten Staaten gerade diejenigen waren, welche der deutschen Einigung am meisten widerstrebten und freien Richtungen entgegentraten, und daß Preußen in der Begründung freierer Zustände voranging. Es ist nicht zu vergessen, daß die schmählichsten Anstalten der Ausbeutung, die Spielbanken von Baden-Baden, Homburg und Wiesbaden, durch die Neugründung des Deutschen Reiches ein Ende fanden!

Die Reichsverfassung ist die Fortsetzung der Verfassung des Norddeutschen Bundes. Als solche setzt sie die Reichsgesetze über die Landesgesetze und stellt die Rechtssphäre der Einzelstaaten zur Verfügung des verfassungsmäßig erklärten Willens des Reiches. Das Reich hat seine Organe, welche, unbeeinflußt durch die Einzelstaaten, die Gesetze des Reiches schaffen, den Bundesrat und den Reichstag. In diesen beiden Behörden hat sich die leitende Idee der Errichtung des neuen deutschen Reiches in unerwarteter Weise bestätigt, und jede an diese Errichtung geknüpfte Besorgnis ist siegreich beseitigt worden. Noch nicht ein einziges Mal sind die Vertreter der mittleren und kleineren Staaten denjenigen Preußens gegenübergestanden, und ungeachtet der mannigfaltigsten Gruppierung der Parteien im Reichstage hat sich noch niemals eine Ausscheidung der Abgeordneten in Nord- und Süddeutsche gebildet, welche beide Gruppen vielmehr stets in jeder Partei vertreten waren. Im Bundesrate sind die 25 Einzelstaaten und mittelbar das Reichsland Elsaß-Lothringen, im Reichstage ist das Volk vertreten, und zwar das Volk des Reiches, nicht die Völker der Einzelstaaten. Die Staatsangehörigkeit hat keinen Einfluß auf ihre Stellung in der Versammlung.

In der Organisation des Bundesrates und dem Verhältnis desselben zum Reichstage hat das Deutsche Reich Eigentümlichkeiten, wie sie nirgends sonst vorkommen. Der Bundesrat vertritt den Gesamtwillen, die Souveränität des Reiches. Er versammelt die Glieder des Reiches als solche, und soviel Stimmen diese auch haben, so stimmt doch ein jedes einheitlich; die Mitglieder sind Vertreter ihrer Regierungen und haben keine persönlichen Ansichten zu äußern, sondern diejenigen ihrer Vollmachtgeber. Sie können diese auch im Reichstage vertreten, nicht aber Mitglieder des letztern sein. Sie haben die Rechte von Gesandten. Eigenartig ist die vielseitige Kompetenz des Bundesrates. Dieselbe erstreckt sich geradezu über alles, was nicht dem Kaiser oder dem Reichstage übertragen ist; sie ist zugleich gesetzgebender, verwaltender und richterlicher Natur. Der Bundesrat geht in Schaffung der Gesetze dem Reichstag voran und folgt ihm; er berät sie vor und genehmigt sie. Er verordnet, was zur Ausführung der Gesetze gehört, entscheidet über die Auslegung und Handhabung derselben u. s. w. Er ist endlich Verwaltungsgerichtshof und beschließt allfällige Exekutionen gegen Reichsglieder.

Der Reichstag entspricht den Volksvertretungen aller anderen Staaten, welche solche besitzen. Da er nach dem allgemeinen Stimmrecht und durch unmittelbare Wahlen gebildet wird und seine Mitglieder als solche jeden gesetzlichen Schutz genießen, so ist seine Einrichtung die freisinnigste unter allen Monarchieen und ebenso freisinnig wie die des gesetzgebenden Körpers einer Republik. Ja, das Deutsche Reich ist überhaupt als solches keine Monarchie. Der Kaiser ist zwar König und daher Souverän von Preußen; er ist aber letzteres nicht im Deutschen Reiche, sondern vertritt dasselbe nach außen und steht an der Spitze von Organen, denen zusammen die Souveränität im Reiche zukommt. Er ist aber auch nicht einem republikanischen Präsidenten zu vergleichen; denn er ist weder wähl-, noch absetzbar, noch verantwortlich, sondern besitzt seine Würde durch angeborenes Anrecht. Er ist einfach der oberste Würdenträger des Reiches mit monarchischem Rang, aber (außerhalb Preußens) nicht mit monarchischen Rechten. Er regiert im Reiche als König von Preußen, in Preußen aber nicht als Kaiser. Sein Gehilfe in Reichsangelegenheiten, der Reichskanzler, steht ihm auch in Preußen zur Seite. Er ist zugleich Reichs- und preußischer Minister und preußischer Bevollmächtigter im Bundesrate.

Es ist dies eine äußerst geniale Organisation, welche die sehr bedeutenden, mit der Errichtung des Reiches verbundenen Schwierigkeiten auf höchst anerkennenswerte Weise überwunden und die Interessen der deutschen Einheit auf kluge Weise mit denjenigen der Einzelstaaten in Verbindung gebracht hat. Freilich muß der Zukunft und den zuständigen Organen die Lösung der Frage überlassen werden, ob die gegenwärtige Einrichtung der Gesetzgebung dauerhaft ist und ob nicht außerordentliche Umstände zu Abänderungen derselben zwingen werden. Was indessen von den Reichsbehörden in den zwanzig Jahren der Existenz des Reiches geschaffen worden ist, grenzt an das Wunderbare und kann nicht anders als jeden Deutschen, der gerecht sein will, von der Notwendigkeit überzeugen, den Gründern und Leitern des heutigen Reiches dankbar zu sein. Das neue deutsche Reich hat zum erstenmale in der Geschichte Deutschlands ein Reichsbürgerrecht eingeführt. „Wer Bürger eines zum Reiche gehörenden Staates ist", sagt Laband, „der bedarf keines besondern Erwerbsaktes, um das Reichsbürgerrecht zu erlangen; er nimmt als Mitglied seines Staates am Reiche teil." Jeder Deutsche kann die Zugehörigkeit zu einem einzelnen Staate mit derjenigen zu einem andern solchen vertauschen oder auch vermehren, ohne daß in seiner Reichsangehörigkeit eine Veränderung eintritt. Natürlich schließen die Pflichten eines Deutschen gegen seinen Staat auch diejenigen gegen das Reich in sich, welche in der Stellung des Staates zu diesem begründet sind. Auch ohne Bürger des Staates zu sein, in welchem er lebt, hat jeder Deutsche das Recht, in demselben als Inländer behandelt zu werden und dort in Reichsangelegenheiten seine Stimme abzugeben. Die Wahl zum Reichstage kann auf jeden wahlfähigen Deutschen fallen, auch wenn er dem Staate, in dem der Wahlort liegt, weder angehört noch darin wohnt. Daraus folgt dann die höchst wichtige und segensreiche Thatsache, daß jeder Deutsche im Auslande den Schutz des Reiches genießt. Vor der Errichtung des Reiches ließ dieser Schutz viel zu wünschen übrig. Ein Deutscher im Auslande war auf den guten Willen des österreichischen oder preußischen Gesandten oder Konsuls angewiesen, und den Agenten der kleineren Staaten, die übrigens meist nicht vorhanden waren, fehlte es zu wirksamem Schutze ihrer engeren Landsleute an dem erforderlichen Ansehen. In unserm Jahrhundert beherrschten nach einander Napoleon I. (bis 1815), Metternich (bis 1848), Nikolaus von Rußland (bis 1855), Napoleon III. (bis 1867) die europäische Politik. Der Erdteil zitterte, wenn einer dieser Gewaltigen ein ernsthaftes Gesicht machte, und Deutschland mußte sich ducken. Wie anders ist dies heute! Das Deutsche Reich steht hochgeachtet (und auch gefürchtet) da. Hierüber sagte die „National-Zeitung" am 18. Januar 1891:

„Von allen Befürchtungen, mit denen Europa seine Gründung betrachtet hatte, ist keine in Erfüllung gegangen. Die kriegerische Gewalt, die es gegen Frankreich entwickelt hatte, erschien in den ersten Jahren allen unwiderstehlich und niemand zweifelte daran, daß es diese Macht zur Unterdrückung seiner Nachbarn gebrauchen würde. Die Hegemonie, die früher Frankreich ausgeübt, war durch eine Reihe von Siegen auf Deutschland übertragen worden, warum sollte es sie nicht in demselben Sinne wie ehemals Frankreich ausüben? Aber nichts verlockte den deutschen Kaiser zu Eroberungen oder auch nur zu Einmischungen in die inneren Verhältnisse der anderen Staaten. Wilhelm I. hielt es in seiner Weisheit für seinen größten Ruhm, der majestätische Hort des europäischen Friedens zu sein. Durch das diplomatische Genie des Kanzlers ward der Dreibund gegründet und in Mitteleuropa eine einige militärische Macht hergestellt, die jeden Friedensstörer schreckt. Indem die deutsche Nation sich wieder ihrer Stärke, ihrer kriegerischen Tüchtigkeit, ihres Volksreichtums bewußt wurde, fühlte sie, daß sie, gegenüber den unruhigen, leidenschaftlichen, immer vorwärts drängenden Franzosen und Russen die Freiheit und Unabhängigkeit des Erdteils zu bewachen und bewahren habe. Die Schwäche und die Auflösung Deutschlands in eine Fülle kleiner Staaten machte früher die Kriege für die Franzosen und Russen, da die Schlachten meist auf fremdem Grund und Boden geschlagen wurden, so leicht und halbwegs ungefährlich; die Einheit Deutschlands hat nicht nur seine, sondern auch Österreichs und Italiens Grenzen gesichert."

„Im Schutze des Friedens ist die innere Entwickelung des Reiches trotz der schweren Rüstung, die es tragen muß, kräftig fortgeschritten. Mehr und mehr ist der Gedanke der Reichseinheit, der Zusammengehörigkeit aller Deutschen, mit der Freizügigkeit und dem Reichsgericht, mit der gleichen Münze und demselben Maße, mit der allgemeinen Wahl und dem gemeinsamen Parlamente, zum Gemeingut aller, zu einem Bestandteil des nationalen Bewußtseins geworden. In zwanzig Jahren wurden nicht alle Keime partikularistischer Gesinnungen und Bestrebungen, die nur zu üppig viele Menschenalter hindurch im deutschen Boden wucherten, getilgt; aber die schadenfrohe Rechnung unserer Feinde, daß diese Regungen wachsen und dem Bestande des Reiches gefährlich werden könnten, hat sich nicht bewahrheitet. Weder der führende Staat noch das Parlament hat die Sonderrechte oder auch nur die Eigentümlichkeiten des Südens angetastet; eine Zentralisation, wie sie die Franzosen als das Ideal einer politischen Verfassung betrachten, liegt nicht im Sinne der Deutschen. Viel inniger und fester als sie verbindet das wieder erwachte, lebendige Nationalgefühl, der Ruhm deutscher Siege und deutscher Macht, die steigende Wohlfahrt des ganzen und der einzelnen, die Gewißheit, daß gerade das Reich der stärkste Schutz der kleineren Staatswesen und der landschaftlichen Besonderheiten ist, das deutsche Volk zu einer fortan unzertrennlichen Gesamtheit."

„Hat, wie es nicht anders sein konnte, die Äußerung des Patriotismus im Vergleich zu dem ersten stürmischen Jubel an lautem tönenden Klang verloren, die Gesinnung hat um so tiefere Wurzeln geschlagen. Denn die

Gründung des Reiches hat nicht nur die Sehnsucht des deutschen Volkes befriedigt, sondern bringt ihm täglich neue Vorteile. Im Inlande wie im Auslande macht sich für jeden von uns die Einheit des Vaterlandes als eine Wohlthat geltend. Hemmende Schranken jeder Art zwischen den einzelnen Staaten, im Verkehr und in der Rechtspflege sind gefallen, eine gemeinsame soziale Gesetzgebung, in ihren kühnen Versuchen der Unfalls- und Invalidenversorgung der Arbeiter die erste der Welt, bemüht sich, die schlimmsten Notlagen der Armen und der Schwachen, wenn nicht zu beseitigen, doch zu mildern. Das eigene Vaterland bietet den Arbeitern eine Freiheit der Bewegung und widmet ihnen eine Fürsorge, wie sie dieselben früher niemals gehabt und gefunden."

„Wie einst der Glanz des römischen Reiches auf den römischen Bürger in der Fremde zurückstrahlte, so wirft jetzt der Ruhm des deutschen Reiches seinen Widerschein auf den Deutschen, in welcher Ferne er weilen mag. Seit die deutsche Flagge von deutschen Masten weht, deutsche Kriegsschiffe die Meere durchfurchen, hat unsere Schiffahrt, unser Handel einen ungeahnten Aufschwung genommen. Schon wetteifern die Dampfer unseres Lloyd und der Hamburger Gesellschaften in Schnelligkeit der Fahrt und Trefflichkeit der Ausrüstung auf dem atlantischen und auf dem indischen Ozean mit den englischen. So lange wir auch in unserer Zerrissenheit und politischen Thatlosigkeit von der Teilung der Erde uns selber ausgeschlossen hatten, zuletzt haben wir dennoch in Afrika festen Fuß gefaßt. Für jedes große Volk ist es beinahe eine Notwendigkeit seines Daseins und seiner Weltstellung geworden, Kolonieen zu besitzen, für den Überschuß seiner Produkte, für die Überfülle seiner Bevölkerung. Wenn nicht für die unmittelbare Gegenwart, so doch für die Zukunft hat das Reich mit seinen afrikanischen und australischen Erwerbungen gesorgt. Seit der Reformation hat es keine Epoche deutscher Geschichte gegeben, in der sich die nationale Energie kräftiger entfaltet hätte, der Gemeinsinn lebendiger und opferfreudiger, das Gefühl, ein Deutscher zu sein, froher und zuversichtlicher gewesen wäre, als in der Gegenwart. Aus der Erstarrung hier, der Erschlaffung dort, der Kleinstaaterei ist das Leben unseres Volkes auf allen Gebieten erwacht und strebt in einer aufsteigenden Bewegung, im Wetteifer mit den anderen Völkern, einer, wie wir hoffen, großen und segensvollen Zukunft entgegen."

„In der Not und dem Drange des einzelnen Tages, in den politischen Kämpfen der Parteien, treten die Schattenseiten der Verhältnisse, die Mangelhaftigkeit der Zustände störender und empfindlicher hervor. Aber wer könnte darüber die unermeßliche Wohlthat unserer Errungenschaften vergessen? Unser Schicksal als Nation hing nicht davon ab, daß wir ein ideales Staatsgebäude aufführten, daß je nachdem das Muster eines Einheits- oder eines Bundesstaates, einer Verbindung gleichberechtigter monarchischer Staaten oder einer demokratischen Republik gewesen wäre, sondern daß wir alle unter ein starkes Dach gelangten und in gemeinsamer Arbeit in Krieg und Frieden uns wieder als ein einziges Volk von Brüdern kennen lernten. Jede Partei wird nach ihrem Sinn und nach ihren Bedürfnissen das Haus auszubauen versuchen; aber welche Fortschritte in dieser Hinsicht auch gemacht, welche Verbesserungen ausgeführt werden mögen — sie werden immer nur von neuem die Festigkeit der Fundamente unserer Verfassung verstärken und den Segen, den die Gründung des Reiches allen gebracht hat, erkennen lassen."

„In dem Leben der großen europäischen Völkerfamilien, die nicht wie die Völkerstämme des Altertums, der Griechen und der Ägypter, der Juden und der eigentlichen Römer wenige Millionen zählen, sondern schon durch ihre Zahl jeder Vernichtung trotzen und ihr Dasein nach Jahrtausenden berechnen, sind zwanzig Jahre eine kurze Spanne Zeit; aber die Kämpfe, Arbeiten und Erfolge dieser ersten zwanzig Jahre des neuen Reiches haben dem deutschen Volke die Bahn zur höchsten und freiesten Entwickelung seines Wesens geöffnet und gesichert und zugleich unserm Volkscharakter ein Ehrenmal gesetzt."

Gleich jeder andern Großmacht besitzt Deutschland ein die gesamte Erde umfassendes Netz von Gesandtschaften und Konsulaten; erstere besorgen die auswärtige Politik des Reiches, die internationalen Handels- und Schiffahrts-Angelegenheiten, die des Post- und Telegraphenwesens, des Militärwesens und der Marine, der Niederlassung und Freizügigkeit, des Gewerbebetriebs der Deutschen im Auslande und der Ausländer im Reiche, sowie der Auswanderung, die Verhandlungen über Münze, Maß- und Gewicht, Patentschutz, Schutz von Fabrikzeichen und Warenmarken und des Inhaberrechts, über Rechtshilfe und Beglaubigung von Urkunden, über internationale Maßregeln der Gesundheitspolizei für Menschen und Tiere, über Angelegenheiten des Preß- und Vereinswesens u. s. w. Außerdem sorgen sie für die Interessen aller Bundesglieder und für die Privatrechte aller Reichsangehörigen, sofern nicht Gesandtschaften der Einzelstaaten bestehen; letztere und die Reichsgesandten vertreten einander gegenseitig. Der Kaiser und in seinem Auftrage der Reichskanzler leitet den gesamten diplomatischen Dienst.

Noch ausschließlicher ist das Reich den Konsuln übergeordnet, welche als Ratgeber und Vertreter der Reichsangehörigen im Auslande deren Interessen wahrzunehmen und ihnen als Ortskundige in allen Dingen, welche Verfassung, Sitten, Sprache u. s. w. des Landes, in welchem sie beglaubigt sind, betreffen, an die Hand zu gehen haben. Sie können auch als Standesbeamte, Seemannsämter, Polizei- und Gerichtsbehörden der in ihrem Bezirke lebenden

Deutschen bevollmächtigt werden. Alle Konsuln sind Reichsbeamte, sowohl die unentgeltlich waltenden Wahl=, als die vom Reiche besoldeten Berufskonsuln: erstere können auch Ausländer, letztere aber nur geprüfte Deutsche sein. Gleich den Gesandten stehen sie unter dem Kaiser, der sie wählt.

So ist allseitig für den Schutz der Deutschen im Auslande in einer Weise gesorgt, die vor der Errichtung des neuen Reiches unbekannt war.

Manche Abneigung hat die seit 1885 ins Leben getretene Kolonial= politik des Reiches gefunden. Die Gegner derselben befinden sich aber in einem schweren Irrtum. Weder in Europa, noch in überseeischen Erdteilen kann eine Macht mit den übrigen Mächten an Ansehen wetteifern, wenn sie nicht Kolonieen besitzt, und die Angehörigen einer kolonialbesitzenden Macht stehen, in den Kolonieen anderer Mächte lebend, viel geachteter da als die= jenigen kolonienloser Staaten. Zu bedauern ist nur, daß Deutschland zu spät seine Einigung errungen hat, um Kolonieen der bessern Art in der Fremde zu gewinnen, zu welchen Länder der gemäßigten Zone gehören würden. Diese sind aber längst besetzt, und so ist Deutschland auf die Tropen angewiesen. Der Europäer kann sich indessen an jedes Klima gewöhnen, und daher ist zu hoffen, daß sich die deutschen Kolonieen in Afrika und Australien mit der Zeit zu blühenden Gebieten eines Landbaues, eines Handels und einer Industrie entwickeln werden, deren Teilnehmer nicht nur den Schutz des Mutterlandes genießen, sondern unmittelbar unter dessen Gesetzen stehen. Es ist übrigens noch nicht aller Tage Abend, und es können unvorhergesehene Ereignisse ein= treten, welche den Deutschen den Besitz von Kolonieen in noch weit günstiger gelegenen Gebieten verschaffen. Dies wäre aber für immer unmöglich, wenn nicht bei Zeiten ein Anfang zu kolonialer Macht in das Werk gesetzt worden wäre. Die Deutschen können übrigens das schöne Bewußtsein hegen, daß ihre Kolonialpolitik in einer Zeit fortgeschrittener Humanität begonnen hat, in welcher nicht mehr, wie früher, Grausamkeiten gegen Eingeborene niederer Rassen begangen werden, und daß die einzigen Gewaltmaßregeln, welche für sie notwendig wurden, ihren Grund in dem Bestreben hatten, arme Neger gegen die gewissenlose Ausbeutung und Unterdrückung durch Banden arabischer Sklavenhändler und die Kultur gegen den blinden Widerstand kulturfeindlicher Horden zu schützen.

Einer der glänzendsten Fortschritte des neuen Reiches ist der in der Organisation der Rechtspflege und in der dieselbe betreffenden Gesetzgebung angebahnte. Früher gab es in Deutschland ein wahres Chaos von patrimo= nialer, kommunaler, kirchlicher und staatlicher Gerichtsbarkeit. Jetzt giebt es nur noch eine Gerichtsbarkeit der Einzelstaaten und eine solche des Reiches; beide aber sind in ein völlig einheitliches System, in eine Pyramide mit breiter Grundlage und hoher Spitze gebracht. Wie mit einem Schlage sind am 1. Oktober 1879 im ganzen Reichsgebiete in Kraft getreten: das Gerichtsverfassungsgesetz vom 27. Januar 1877, die Civilprozeßordnung vom 30. Januar 1877, die Strafprozeßordnung vom 1. Februar 1877, die Konkursordnung vom 10. Februar 1877 und das Gesetz über die Konsulargerichtsbarkeit vom 10. Juli 1879. Die Urteile aller Gerichte im Reiche können im gesamten Reichsgebiete innerhalb der Vorschriften der Reichsgesetzgebung vollzogen werden, so daß das gesamte Reich ein einziges Rechtsgebiet bildet. Die von kleineren zu größeren bürgerlichen Streitigkeiten und von kleineren zu mittleren und größeren Strafsachen (Übertretungen, Vergehen und Verbrechen) aufsteigenden Rechtsfälle werden je nach der Schwere derselben von den staatlichen Behörden der Amtsgerichte, Landgerichte und Oberlandesgerichte beurteilt, von denen jede höhere Behörde ein weiteres Amtsgebiet hat als die niedrigere, und zwar so, daß die niederen Gerichte kleinerer Staaten den höheren benachbarter größerer unterstellt sind, was sehr zur nähern Verbindung zwischen Nachbarn verschiedener Staaten beiträgt. Aus dem Personal der Gerichtsbehörden gehen, sowohl für Civil- als für Straffälle, die Richter hervor, die über Civil- und geringere Straffälle allein, über Verbrechen aber in Verbindung mit Geschworenen urteilen. Über den Staatsgerichten steht das Reichsgericht, dessen Sitz Leipzig ist, dessen Stelle in Baiern aber das oberste Landesgericht vertritt. Dem Reichsgerichte liegen ob: die Entscheidungen über Beschwerden und Berufungen gegen die Urteile der Reichskonsulate, über Beschwerden und Revisionen gegen die Urteile der Oberlandesgerichte, und in besonderen Fällen mit Zustimmung des Reiches der Spruch letzter Instanz in anderweitigen Fällen. In Strafsachen urteilt das Reichsgericht allein über Hoch- und Landesverrat gegen Kaiser und Reich und in letzter Instanz über Beschwerden u. s. w. gegen Konsular-, Schwur- und andere Gerichte. Den höheren Gerichten sind Staatsanwaltschaften beigeordnet. Auch der Beruf der Rechtsanwälte ist ein vom Reiche durch die Rechtsanwaltsordnung geregeltes öffentliches Amt. Die Überwachung der Einzelstaaten in der Handhabung der in den Reichsgesetzen gegebenen Vorschriften liegt dem Kaiser ob, der sie durch das Reichsjustizamt bewirkt.

Auch die Gesetzgebung selbst geht immer mehr der Einheitlichkeit entgegen. Noch heute haben die Einzelstaaten im bürgerlichen Rechte ihre besonderen Gesetzbücher. Zwar ist der Entwurf eines bürgerlichen Gesetzbuches für das Deutsche Reich bereits 1888 veröffentlicht, das Werk ist jedoch ein schwieriges, und der Entwurf begegnet zahlreichem Widerspruche von bernsenster Seite. Prof. Gierke in Heidelberg nennt ihn im „Jahrbuch für Gesetzgebung, Verwaltung und Volkswirtschaft im Deutschen Reich" sehr gelehrt, aber weder deutsch noch volkstümlich, noch schöpferisch. Er beruht in seinen Grundlagen auf dem römischen Rechte, welches das Deutsche nur allzulange verdrängt hat. In ebenso abfälliger Weise urteilen in den „Annalen des Deutschen Reiches" Konrad Bornhak vom juristischen und Dr. S. Jacoby vom volkswirtschaftlichen Standpunkte. Es ist zu hoffen, daß das Werk nicht übereilt, sondern nochmals in durchaus deutschem und volkstümlichem Geiste umgearbeitet werde.

Schon seit längerer Zeit besitzt das Reich einzelne civilrechtliche Gesetze, so das über die vertragsmäßigen Zinsen von 1867, das über Aufhebung der Schuldhaft von 1868, das über Beschlagnahme des Arbeits- oder Dienstlohns von 1869, das über Aktiengesellschaften von 1884 und andere. Das wichtigste dieser Gesetze aber, welches die Deutschen von der Erstreckung der geistlichen Gewalten in weltliche Dinge dauernd befreit und der Einheit abermals näher gebracht hat, ohne darum der Religion Eintrag gethan zu haben, ist dasjenige über die Beurkundung des Personenstandes und die Eheschließung vom 6. Februar 1875, welches die Führung der Register über Geburt, Ehe und Tod und die allein rechtsgiltige Eheschließung den Standesbeamten überträgt.

Vorangegangen ist den bürgerlichen Reichsgesetzen das deutsche Strafgesetzbuch, welches ebenfalls einer Vielheit von Landesgesetzen ein Ende gemacht und eine wohlthätige Einheit hergestellt hat. Gegründet auf das preußische Strafgesetzbuch vom 14. April 1851, wurde es am 31. Mai 1870 im Norddeutschen Bunde eingeführt, ging von diesem auf das Deutsche Reich über und erhielt am 26. Februar 1876 eine dasselbe verbessernde und ergänzende Novelle. Dasselbe hat zwischen allzugroßer Strenge und einer übertriebenen Humanität die richtige Mitte einzuhalten verstanden.

Das wichtigste unter den Spezialstrafgesetzen des Reiches ist das Reichspreßgesetz vom 7. Mai 1874, welches die richterliche Entziehung der Befugnis zur Herausgabe von Druckschriften und zum Vertriebe derselben, die Verpflichtung zur Kautionsbestellung und die besondere Besteuerung der Presse und der einzelnen Preßerzeugnisse abgeschafft, die meisten der die Ordnung der Presse betreffenden Bestimmungen auf die periodische Presse beschränkt und das System der Verantwortlichkeit sogar milder gefaßt hat, als der Journalistentag wollte. Eine Ausnahme für oder wider die Presse von der Anwendung der allgemeinen Strafgesetze ist überhaupt im Reichspreßgesetze nicht enthalten. Auch die Vorschriften über die Beschlagnahme sind zu Gunsten der Presse erheblich modifiziert worden. Unter den zahlreichen übrigen Spezialstrafgesetzen nennen wir hier nur das Gesetz über den Wucher vom 24. Mai 1880. Dasselbe hat den Begriff und Thatbestand des Wuchers nicht von einem bestimmten Prozentsatze abhängig gemacht, indem es auch keinen solchen giebt, der für die Beurteilung eines Geschäfts in Hinsicht auf die Frage, ob es ein wucherisches sei, maßgebend wäre. Es läßt vielmehr dem Richter einen weiten Spielraum in Beurteilung der Frage, ob durch die Zinsnahme der übliche Zinsfuß dergestalt überschritten werde, daß nach den Umständen des Falles die Vorteile des Gläubigers in auffälligem Mißverhältnis zu dessen Leistung stehen und hierdurch eine Bestrafung wegen Wuchers gerechtfertigt sei.

Nicht geringer als auf dem Gebiete der Rechtspflege sind die Schöpfungen des neuen deutschen Reiches auf demjenigen der Volkswirtschaft. Wohl noch in der Erinnerung der meisten Lebenden liegt der frühere Wirrwarr in Maß und Gewicht. Jastrow sagt darüber: „Wirr durcheinander gingen preußische Elle und rheinischer Schuh, Magdeburger Morgen und Kulmische Hufen, die Klaftern und die Ruthen, die schweren und die leichten Pfunde. Es war zuletzt so weit gekommen, daß die deutsche Sprache für alle Begriffe ein unzweideutiges Wort besaß, nur nicht für Maß und Gewicht." Was ein Fuß und was ein Pfund war, glaubte man so im allgemeinen zu wissen; es war aber in jedem Staat, ja fast in jeder Provinz, teilweise sogar in jeder Stadt anders. Anfänge zu einer Besserung machten der Zollverein durch das Zollpfund und die Wissenschaft durch die Anwendung des französischen Metersystems, dieser vernünftigsten Schöpfung des bessern Zeitraums der großen Revolution. Durch die Maß- und Gewichtsordnung des Norddeutschen Bundes vom 17. August 1868, die nachher auf das neue Reich überging, ist das Metersystem zum alleinherrschenden in Deutschland (wie teils vorher, teils seitdem auf dem ganzen europäischen Festlande) geworden. Daneben ist der Gebrauch und die amtliche Stempelung anderer als obrigkeitlich geeichter Maße und Gewichte bei Strafe verboten und hierdurch das frühere Chaos für immer beseitigt.

Der Einheit in Maß und Gewicht folgte diejenige im Münzwesen. „Die völlige Verschiebung der Metallwerte in der Neuzeit, sagt Jastrow, hatte alle Völker zu einer nationalen Münze mit festen Wertverhältnissen gedrängt; nur Deutschland war dahinter zurückgeblieben. Schon in den Zeiten des Deutschen Bundes war die Anzahl der verschiedenen Münzsysteme allmählich auf sieben herabgebracht worden; ja die Thalerwährung führte im Verkehr eine Art allgemeiner Rechnungsmünze herbei. Allein dieses System schwebte völlig in der Luft. Dafür, daß die bare Münze, die man in die Hand bekam, dem rechnungsmäßigen Werte entsprach, fehlte die Garantie, die in einer gemeinsamen Aufsicht liegt; noch in den zwanziger Jahren ist es vorgekommen, daß Nassau und Koburg ihren Münzen einen geringern Feingehalt gaben, als der rechnungsmäßige Wert war. Hierdurch wurde nun wieder das Verhältnis der Münzen zum Thaler und zur Thalerrechnung ganz unsicher. Diese Unsicherheit machte sich selbst innerhalb der Grenzen eines und desselben Staates geltend. Der Kleinstaat besaß auch in der Gestaltung der Münzfüße nicht die verschmelzende Kraft, die erforderlich ist, um etwa ehemalige Gebietsverschiedenheiten verschwinden zu lassen. Die Schwierigkeiten erreichten ihren Gipfelpunkt im Weltverkehr, wo zuletzt die beiden großstaatlichen Münzen die einzig maßgebenden waren, ohne doch anders als notdürftig in einheitliche Beziehung gesetzt zu sein.

Durch das Gesetz, betreffend die Ausprägung von Reichsgoldmünzen, vom 4. Dezember 1871, wurde eine Goldmünze, deren 139½ Stück auf ein Pfund feinen Goldes gingen, als Einheit im Münzwesen aufgestellt und in 10 Mark, als Rechnungseinheit, eine jede zu 100 Pfennigen, geteilt. Dieses Stück, später Krone genannt, erhielt auch eine Verdoppelung zu 20 Mark. Ferner wurde bestimmt, daß die Reichsgoldmünzen auf der einen Seite den Reichsadler mit der Inschrift „Deutsches Reich", der Angabe des Wertes in Mark und der Jahreszahl der Prägung, auf der andern Seite das Bild des Landesherrn oder das Hoheitszeichen der freien Städte mit Umschrift erhalten sollten. Die Münzprägung geschieht auf Kosten des Reiches und unter dessen Aufsicht durch die Einzelstaaten. Dieses Gesetz, welches die Prägung aller außerhalb des durch dasselbe aufgestellten Systems stehenden Münzen ausschloß, wurde näher ausgeführt durch das Reichsmünzgesetz vom 9. Juli 1873, welches weitere Goldmünzen von 5 Mark, sowie die erforderlichen und jetzt umlaufenden Silber-, Nickel- und Kupfermünzen einführte. Auf den Münzen von 1 Mark abwärts fiel die Bezeichnung des Einzelstaates weg.

„Weit schlimmer noch als im Münzgelde, sagt Jastrow, das in seinem Feingehalte schließlich noch immer einen natürlichen Regulator seines Tauschwertes besaß, zeigte sich die mangelnde Einheitlichkeit im Papiergelde. Nicht nur hatten die verschiedenen Staaten verschiedene Grundsätze für die Emission, verschiedene Sicherheit in der Fundierung; ein und derselbe Staat behielt sein altes Papiergeld bei, wenn er nach anderen Grundsätzen neues ausgab. Hunderterlei Banknoten waren im Umlauf. Viele waren schon längst aufgerufen und liefen gleichwohl noch immer um, bis ein unglücklicher Letzter den Schaden büßen mußte. Wer dann durch Schaden klug geworden war, wurde recht vorsichtig und lehnte die Annahme auch des besten Papiergeldes ab. Die schwarzen Schwarzburger Zettel sahen so rußig aus, daß die kleinen Leute im eigenen Lande sie für veraltet hielten und lieber preußische haben wollten. Preußen suchte sich einmal vor der Überschwemmung mit zweifelhaften Wertzeichen zu schützen, indem es die Zahlung mit fremdem Papiergeld verbot. Indeß das unstreitig vorhandene Bedürfnis nach dem bequemen Zahlungsmittel war mächtiger. Die Zahlungen fanden dennoch statt, die Kaufleute führten förmliche Konduitenlisten über die einzelnen Staaten und hatten in ihren Kontors gedruckte Verzeichnisse der wertlos gewordenen Papiergelder hängen."

Auch diese Zersplitterung ist nun verschwunden. Durch Gesetze von 1870 und 1874 hat der Norddeutsche Bund und später das Deutsche Reich „den Einzelstaaten die Ausgabe von Papiergeld untersagt und ihnen die Verpflichtung auferlegt, das von ihnen ausgegebene bis Anfang 1876 einzuziehen". „Das Reich selbst hat Reichskassenscheine ausgegeben, welche im juristischen Sinne kein Papiergeld, sondern auf den Inhaber lautende Schuldscheine des Reiches sind. Denn im Privatverkehr findet ein Zwang zu ihrer Annahme als Zahlungsmittel nicht statt und von der Reichshauptkasse werden sie für Rechnung des Reiches jederzeit auf Erfordern gegen bares Geld eingelöst." (Laband.)

Auf Grund des Reichsgesetzes vom 14. März 1875 ist unter dem Namen „Reichsbank" eine Bank mit dem Hauptsitz in Berlin errichtet worden, welche unter der Aufsicht und Leitung des Reiches steht und durch Organe des Reiches verwaltet wird. „Die Gründung dieser Anstalt erfolgte in der Art, daß das Reich von der preußischen Regierung die preußische Bank erwarb." Direktor der Reichsbank ist der Reichskanzler oder ein vom Kaiser ernannter Stellvertreter desselben, und unter ihm steht das Reichsbank-Direktorium, während die Einzelstaaten eine Aufsicht über die Leitung der Reichsbank durch das Bank-Kuratorium ausüben. Der Reichstag entscheidet über die Verlängerung ihres Bestandes. Seit dem Erlasse des Bankgesetzes, welches bereits vorher bestehende Rechte zur Ausgabe von Banknoten nicht beseitigte, kann die Befugnis zur Ausgabe solcher nur durch ein vom Reich in der Form des Gesetzes erteiltes Privilegium, nicht von Seiten der Bundesstaaten erworben werden. Unbefugte Ausgabe von Banknoten oder anderen Inhaberpapieren unterliegt der Strafe.

„Das Recht zur ausschließlichen gewerblichen Verwertung einer Erfindung und der Schutz dieses Gewerbemonopols gegen Verletzung ist durch das Reichspatentgesetz vom 25. Mai 1877 in jedem einzelnen Falle von der Erteilung eines Patentes abhängig gemacht", worüber eine besondere Behörde, das Reichspatentamt, wacht. Das erworbene Patent bewirkt, „daß niemand befugt ist, ohne Erlaubnis des Patentinhabers den Gegenstand der Erfindung gewerbsmäßig herzustellen, in Verkehr zu bringen oder feilzuhalten". „Landespatente können seitdem von den Einzelstaaten nicht mehr erteilt werden. Dagegen sind die vorher verliehenen Patente in Kraft geblieben."

Das deutsche Handelsgesetzbuch stammt zwar noch aus der Zeit des Deutschen Bundes, welcher es 1861 annahm, wurde aber, nebst der mitten in den Stürmen des „tollen Jahres" 1848 verkündeten „Deutschen Wechselordnung", 1869 vom Norddeutschen Bunde übernommen und 1871 auch im Deutschen Reiche eingeführt, 1870 von ersterm und 1884 von letzterm ergänzt. Eine allgemeine Gewerbeordnung erließ 1869 der Norddeutsche Bund; nach Gründung des Reiches wurde sie Reichsgesetz. Ihr Grundsatz ist: Freiheit der wirtschaftlichen Thätigkeit des Einzelnen, soweit nicht das öffentliche Interesse eine Beschränkung dieser Freiheit notwendig erscheinen läßt. Zahlreiche Spezialgesetze ergänzten sie, und nach dem umfassendsten, vom 1. Juli 1883, erhielt sie eine neue Redaktion. Die Gewerbeordnung schafft den Unterschied zwischen Stadt und Land in Bezug auf den Gewerbebetrieb ab, verbietet den Ausschluß von demselben durch Zünfte und dergleichen, stellt in Bezug auf denselben die beiden Geschlechter einander gleich, ebenso Ortsbürger und Nichtortsbürger. Eines Fähigkeitsnachweises bedürfen Apotheker und Ärzte, sowie Seeleute aller Art, einer Konzession Unternehmer von Heilanstalten verschiedener Gattung, einer Erlaubnis Schauspielunternehmer, Musikaufführungen, Schaustellungen, Gastwirte und Branntweinhändler, sowie Pfandleiher. Einer Untersagung im Falle der Unzuverlässigkeit unterliegen Tanz-, Turn- und Schwimmunterricht, Badeanstalten, Trödelhandel, Vermittelung von Privatgeschäften. Zu beeidigen und öffentlich anzustellen sind Feldmesser, Versteigerer, Warenprüfer; durch die Ortspolizei zu regeln sind die Unternehmungen von Transportmitteln u. s. w. Die Gewerbeordnung regelt ferner den Marktverkehr, das Innungswesen, das Handwerks- und Fabrikwesen, die gewerblichen Hilfskassen. Ein Netz von 128 Handels- und 30 Gewerbekammern durchzieht Deutschland.

Vieles hat die volkswirtschaftliche Reichsgesetzgebung auf dem Felde der Versicherungen geleistet. Hierher gehören: das Reichsgesetz betreffend die Krankenversicherung der Arbeiter vom 15. Juni 1883, das Unfallversicherungsgesetz vom 6. Juli 1884, das Gesetz über die Ausdehnung der Unfall- und Krankenversicherung vom 28. Mai 1885, das Gesetz betreffend die Unfall- und Krankenversicherung der in land- und forstwirtschaftlichen Betrieben beschäftigten Personen vom 5. Mai 1886, das Gesetz betreffend die Invaliditäts- und Altersversicherung vom 22. Juni 1889. Sind auch dies alles erst Anfänge zu einer wohlthätigen Reform der sozialen Übelstände, so steht doch das Deutsche Reich in ihrer Unternehmung einzig da, und es lassen sich mit ihm in dieser Hinsicht weder andere Staaten vergleichen, noch haben diejenigen Parteien, welche denselben Widerstand entgegensetzten, von ihrer Seite irgendwelche Leistungen aufzuweisen, die an echter Menschenliebe mit den Bestrebungen des Deutschen Reiches irgendwie zu wetteifern im Stande wären. Das von den sog. Sozialdemokraten so sehr verlästerte Deutsche Reich steht bis anhin allein in der Welt mit seinen Bemühungen zur Herbeiführung eines vernünftigen und friedlichen Sozialismus.

Nicht weniger bedeutend sind die Fortschritte des neuen Reiches auf dem Gebiete des Verkehrswesens. Von der sofort nach dessen Gründung vollzogenen Einigung der deutschen Posten und Telegraphen haben sich leider zwei Mittelstaaten, Baiern und Würtemberg, fern gehalten. Es ist nicht einzusehen, inwiefern die Unabhängigkeit der beiden süddeutschen Königreiche durch eine Übertragung der Verkehrsanstalten an das Reich Schaden gelitten hätte. Hoffentlich wird auch dieses Vorurteil gleich so manchem andern mit der Zeit schwinden und dieselben Postmarken, die bereits von den Vogesen bis zum Niemen gelten, auch am Neckar, an der Donau und an der Grenze Tirols ihren Einzug halten. Die Aufrechthaltung eines solchen Anachronismus könnte ja nur dem Auslande zum Spotte über die deutsche Einheit dienen! Die Wegschaffung desselben könnte nur dem Verkehre zum Vorteile gereichen und die Wohlthaten, die derselbe durch die genialen Reformen Stephans bereits gewonnen hat, in gleichmäßiger Weise über das gesamte Reich ausdehnen. Denn staunenswert sind die Fortschritte, welche die Reichspost gemacht hat. Es berühren sich in ihrem Gebiete infolge der verschiedenartigen Verkehrsmittel noch verschiedene Kulturstufen. Die Boten des Mittelalters vermitteln noch den Postverkehr von 60000 abgelegenen Orten in der Gestalt von 20000 Landbriefträgern, die sich jährlich um 2000 vermehren und zusammen im Jahre 156 Millionen Kilometer zu Fuß, 10000 zu Pferde und 10 Millionen zu Wagen, oder täglich das Zwölffache des Erdumfangs zurücklegen. Die zuerst 1865 von Stephan vorgeschlagenen Postkarten liefen 1882 in der Zahl von einer Milliarde um, nämlich in dem von demselben deutschen Manne 1874 bewirkten Weltpostverein, welcher 1883 über sechs Milliarden Briefe versandte (das doppelte von 1874). Wie die Erleichterung der Packetversendung (hoffentlich verschwindet einmal das die deutsche Sprache entstellende Wort „Versand"!) dem Handel, so kommt die der Kreuzbandsendungen der Litteratur und Wissenschaft zugute, und „schnell hat", wie Jastrow sagt, „die deutsche Wissenschaft zu vielen andern Vorzügen auch noch den errungen, die bestorganisierte der Welt zu sein." Durch die Geldanweisungen und Geldaufträge endlich hat die Post geradezu den Charakter einer großen Bankanstalt angenommen.

Durch das neue Reich hat eine Anzahl abgelegener Orte mit der Post auch den Vorteil des Telegraphen erlangt. Allein in den ersten fünf Jahren ihres Bestandes hat die deutsche Telegraphenverwaltung über viertausend neue Betriebsstellen eröffnet und das gesamte Reich besitzt ein Netz von 90000 Kilometern. Deutschland ist auch das Land, dessen Angehöriger Reis 1860 das Telephon (den Fernsprecher) erfunden, und das 1877 zuerst in Europa diese Erfindung eingeführt hat, welche den Verkehr noch in eine Menge von Orten trug, die des Telegraphen bisher entbehren mußten. Berlin allein zählt über

12000 Teilnehmer am Fernsprechverkehre, der bald ganz Deutschland verbunden haben wird.

Zwar fallen die Eisenbahnen nicht in die Verwaltung des Reiches, sondern in die der Einzelstaaten und Privatgesellschaften. Aber die Reichsverfassung „hat das Eisenbahnwesen unter den der Beaufsichtigung und Gesetzgebung des Reiches unterstellten Angelegenheiten aufgezählt und eine Anzahl wichtiger Grundsätze über die Herstellung einer einheitlichen Ordnung des Eisenbahnwesens im Reichsgebiet anerkannt". Im Jahre 1888 maßen die Eisenbahnen des Reiches 40203 Kilometer, wovon 34702 den Staaten gehörten. Sowohl ihr Verkehr als derjenige der Posten und der elektrischen Mitteilungen könnte nur gewinnen, wenn die von dem 90jährigen Moltke im Reichstage verteidigte Zeiteinheit endlich eingeführt würde.

Auch zur See hat der deutsche Verkehr eine großartige Entwickelung genommen; anfangs 1888 zählte die deutsche Handelsflotte 3094 Segelschiffe und 717 Dampfer. Der im Bau begriffene Nordostseekanal wird die deutsche Schiffahrt vollständig unabhängig gestalten.

Das deutsche Reichsheer besteht zwar aus den Truppen der Einzelstaaten; aber letztere „empfangen vom Reiche die Vorschriften über die Einrichtung ihrer Kontingente, über die Wehrpflicht, die Rekrutierung, über die Qualifikation und das Dienstverhältnis der Offiziere, über das Militär-, Straf-, Prozeß- und Disziplinarrecht, über Verpflegung, Ausrüstung, Ausbildung der Truppen". „Der Kaiser hat den Oberbefehl, das Recht, die obersten Offiziersstellen zu besetzen und die Befugnis, die einzelnen Kontingente zu inspizieren." Jedoch besitzt Baiern gewisse weitgehende Sonderrechte und völlige Unabhängigkeit im Frieden; Sachsen und Württemberg besitzen die Selbstverwaltung ihrer Kontingente; sämtliche übrige Staaten aber haben die ihrigen vollständig unter die preußische Verwaltung gestellt. Die achtunggebietende Macht des Reiches ist (und zwar soweit unter preußischer Verwaltung, ohne Rücksicht auf die Staatsgrenzen) in 15 Armeekorps des Reiches und zwei bairische geteilt und bildet ungeachtet der genannten Abweichungen eine formidable Einheit.

Es ist hier der Ort, einzuschalten, was Deutschland seiner Einigung in Bezug auf den dieselbe begründenden Krieg zu verdanken hat. „In einer ganzen Reihe von Gesetzen", sagt Oncken, „hat der Reichstag sich bemüht, die Wunden, die der Krieg geschlagen, nach Kräften zu heilen und den Dank des Vaterlandes denen zu erstatten, die den Sieg mit ihrem Blut und ihrem Leben bezahlt hatten. Freigebig war gesorgt worden für die Hinterbliebenen der Gefallenen und für die an ihrer Gesundheit geschädigten Angehörigen des Reichsheeres und der Flotte, für den Ersatz der Kriegsschäden und der Verluste der deutschen Schiffahrt, sowie für die aus Frankreich ausgewiesenen

Deutschen; schließlich hatte er noch vier Millionen Thaler bewilligt zu Beihilfen an die durch ihre Einberufung zur Fahne geschädigten Offiziere, Ärzte, Mannschaften der Reserve und Landwehr, und dieselbe Summe zur Verleihung von Dotationen für hervorragende Verdienste um die Bildung und Führung des deutschen Heeres, sowie um die nationalen Erfolge dieses Krieges."

Einzig und allein dem Reiche gehört die Kriegsmarine an. Sie zählt 78 Dampfer mit einer Besatzung von 17860 Mann. Der wohlgefüllte Reichskriegsschatz sorgt dafür, daß Heer und Flotte niemals, selbst gegenüber einem unvermuteten Angriffe nicht, ungerüstet dastehen würden.

Aber nicht nur die materiellen Interessen sind vom Deutschen Reiche in jeder Beziehung geschützt, sondern auch diejenigen des geistigen Lebens. Das Recht auf die Urheberschaft der Schöpfungen menschlicher Ideen ist durch eine Reihe von Gesetzen als unverletzlich gewährleistet. Das Gesetz vom 11. Juni 1870 schützt das Urheberrecht an Schriftwerken, Abbildungen, musikalischen Kompositionen und dramatischen Werken, das Gesetz vom 9. Januar 1876 dasjenige an Werken der bildenden Künste, das vom 10. desselben Monats dasjenige an Photographien, das vom 11. desselben Monats dasjenige an Mustern und Modellen. Das Deutsche Reich hat aber nicht nur außerdem mit den umliegenden Staaten Verträge zum Schutze des Urheberrechts geschlossen, sondern auch an einem allgemeinen internationalen Schutze des geistigen Eigentums teilgenommen, in Bern am 9. September 1886 die Übereinkunft, betreffend die Bildung eines internationalen Verbandes zum Schutze von Werken der Litteratur und Kunst gründen geholfen und durch kaiserliche Verordnung vom 11. Juli 1888 ihre Ausführung näher bestimmt. Seitdem besteht in der Bundesstadt der neutralen Schweiz außer den Centralbureaux des Weltpost und des Welttelegraphenvereins auch das dritte internationale Bureau zum Schutze von Werken der Litteratur und Kunst.

Entweder mittelbar oder unmittelbar hat somit das Deutsche Reich in den ersten zwei Jahrzehnten seines Bestandes einem jeden Stande oder vielmehr (da es eigentliche Stände nicht mehr giebt), einer jeden Berufsart, einem jeden Lebenskreise seinen Schutz angedeihen lassen. Da jedoch die genannte Zeit erst eine kurze ist und mit Recht angenommen werden darf, daß das neue Reich auf dieser segensreichen Bahn fortfahren wird, so ist auch keinem Zweifel unterworfen, daß die bisherigen Leistungen des Reiches erst Anfänge einer noch weit großartigern Wirksamkeit sind, die nicht verfehlen wird, dem allenfalls noch nicht hell genug sehenden Teile der Deutschen die Augen zu öffnen und die noch laut sich äußernden Stimmen des Mißtrauens oder des Widerstandes durch Werke des Friedens, des Fortschrittes und der Menschenliebe zum Schweigen zu bringen.

III.

Was thut dem Deutschen Reiche not?

Das Hauptübel, an dem das neue Reich krankt, ist, wie übrigens in jedem andern nicht absolut regierten Lande, das Parteiwesen. Dieses Übel vergiftet ein jedes Volk, unter dem es wütet; denn es ist von vornherein zu großem Teil eine Lüge, weil es sich den Schein giebt, als handle es sich im Auftreten und Wirken der Parteien um die Verfechtung von Grundsätzen, während leider in Wahrheit die Gewinnung von Macht und Einfluß die Haupttriebfeder bildet. Man frage sich nur einmal gewissenhaft, welche Partei als solche stets nur das erstrebt hat, was dem gesamten Land und Volke, und nicht auch ihr selbst zum Vorteil gereicht, und beantworte dann ehrlich und aufrichtig diese Frage!

Um mit dem Unedelsten zu beginnen, sagen wir einige Worte über die Antisemiten. Wir haben vor mehreren Jahren etwa folgendes über das Treiben dieser „Partei" geäußert, welches leider heute noch unverändert wiederholt werden darf.

Es ist zwar schon manches kernige und wahre Wort gegen dieses Treiben gefallen, aber nicht in der Art und Weise, wie es der Verfasser dieser Zeilen gerne gehört hätte. Es hat diesem geschienen, die bisherigen Äußerungen dieser Art seien mehr oder weniger im Dienste irgend welcher Partei gethan worden und es habe dabei der wahrhaft unbefangene, wenn wir so sagen dürfen, kulturhistorische Standpunkt gefehlt. Wir vermissen in der obschwebenden Differenz eine Äußerung, die den Kern der Sache trifft, welche den geschichtlichen und völkerkundigen Thatsachen entspricht. Die Juden durch dick und dünn gegen alle Anklagen verteidigen, ist gerade so wenig ein berechtigter Standpunkt als sie für alle Erscheinungen einer gewissen Art verantwortlich machen und aus der Gemeinschaft des Volkes, zu dem sie staatsrechtlich und sprachlich gehören, hinauswerfen zu wollen. Wir verherrlichen keine Religion, keine Nationalität, keine Rasse, und verdammen auch keine Abteilung des Menschengeschlechts als solche, sind daher auch gegenüber keiner derselben blind und befangen. Wir verschweigen mithin keineswegs die Fehler, die auf jüdischer Seite begangen werden, so wenig sie auch teilweise als eine Folge des Verfahrens auf christlicher Seite verkannt werden können. Zu diesen Fehlern gehört namentlich die Thatsache, daß die Juden sich, und zwar nicht nur etwa die Ungebildeten, sondern selbst ein großer Teil der Gebildeten, durch Beobachtung ihrer veralteten Ritualvorschriften von der Welt absondern. Unsere jetzigen europäischen Kulturverhältnisse machen es auch schlechterdings unmöglich, die sogenannten mosaischen Gebote, von denen nach gründlichster Forschung wenige auf Moses zurückgehen, genau zu befolgen, und soll letzteres durchgesetzt werden, so pflanzt es lediglich Heuchelei! Die Juden sollten daher, soweit sie nicht bereits mit jenen veralteten Gebräuchen vollständig gebrochen haben, einsehen lernen, daß sie dieselben in Europa nicht aufrecht erhalten können und daß sie durch den Versuch, dies zu thun, sich selbst nur Nachteile zuziehen. Würden sie sich voll und ganz der europäischen Kultur anschließen, so würden sie, auch ohne Taufe, mit Beibehaltung der Synagoge, ihre Gegner größtenteils entwaffnen und ihnen jeden Vorwand nehmen, in den Juden eine Körperschaft zu erblicken, die mit der übrigen Menschheit nichts gemein haben will. Allerdings müssen auch die Christen das Ihrige thun. Durch Gleichberechtigung der Juden mit den übrigen Staatsangehörigen werden sich jene diesen mit der Zeit in Deutschland ebensosehr assimilieren, wie dies in England und Frankreich längst geschehen ist.

Indem wir uns nun gegen die blinden Feinde der Juden wenden, müssen wir vor allem fragen: wann hat die Hetzerei gegen die Juden in Deutschland oder genauer gesagt, in wenigen Teilen dieses Landes, ihren Anfang genommen? Es ist bekannt, daß von einer solchen Hetze, von dem berüchtigten Hep-hep-Sturm in der reaktionären Zeit nach den Freiheitskriegen bis zur „Gründerzeit" von 1873 keine Rede war. Man wirft den Juden die Gründungen jener Zeit als ihr Werk vor. Es ist aber noch in lebendiger Erinnerung, wie viele und welche hohe christlich-germanische Herren an diesem „Tanz um das goldene Kalb" teilgenommen haben. An die Auflage der Juden wegen des „Gründens", welche erwiesenermaßen nicht sie allein trifft, haben sich nun weitere Klagen und Vorwürfe gegen die unter den „Germanen" lebenden „Semiten" gereiht. Die erste und vielleicht schwerste Beschuldigung ist diejenige, daß sie das Christentum angreifen und verhöhnen. Wo aber sollen sie dies thun? „In der jüdischen Presse", sagt man. Was aber ist „jüdische Presse"? Mit dieser Bezeichnung geht man sehr leichtfertig um. Wir haben Blätter als jüdische bezeichnen gehört und gesehen, unter deren zahlreichem Redaktionspersonal sich kein einziger Jude befand. Aber selbst wo bekanntermaßen die Eigentümer und Redakteure einer Zeitung Juden sind, fehlt es derselben niemals an christlichen Mitarbeitern.

Übrigens sind nicht nur in jüdischen, d. h. vorzugsweise von Juden geschriebenen, sondern auch in notorisch der Judenheit fernstehenden Blättern oft genug Ausfälle gegen Einrichtungen und Meinungen vorgekommen, welche als christliche gelten; und wir könnten wirklich nicht mit gutem Gewissen behaupten, daß diese Ausfälle in der ersten Klasse von Blättern zahlreicher, gehässiger oder verletzender gewesen wären als die in der zweiten Klasse. Freilich verstehen gewisse Parteien gar verschiedene Dinge unter Christentum, nämlich in der Regel ihre eigenen Ansichten, die, wollte man sie genau und vorurteilslos untersuchen, herzlich wenig von Christentum im wahren und reinen Sinne an sich hätten. Übrigens sind die Christen selbst mit Herabwürdigung und Beleidigung christlicher Ansichten und Einrichtungen leider so lange vorgegangen, daß dies den Juden nicht mehr als verwerflich erscheinen konnte; mag aber auch in „jüdischen" Blättern gesagt sein, was will, — wer möchte immer entscheiden, ob es von christlichen Mitarbeitern herrührt? Der fragliche Vorwurf läßt sich daher in keiner Weise begründen. Ja, hätten sogar sämtliche jüdische Zeitungschreiber sich gegen das Christentum versündigt, — wäre das ein Grund, gegen alle Juden zu hetzen?

Eine weitere litterarische Waffe gegen das Judentum wird aus dem Talmud hergenommen. Es ist bekannt, daß dieses und andere alte oder mittelalterliche Bücher der Juden scharfe christenfeindliche Stellen enthalten. Aber will man sich denn darüber wundern bei Werken, die aus einer Zeit stammen, in welcher die Juden von den Christen auf das scheußlichste und empörendste mißhandelt und verfolgt, beraubt und gemordet wurden? Ebenso bekannt und für jeden Vernünftigen klar ist aber, daß die betreffenden Stellen heute bei den Juden keine Geltung mehr haben, höchstens theoretisch noch bei einigen in den Kultur zurückgebliebenen Sekten des Ostens.

Ein zweiter schwerer Vorwurf gegen die Juden ist der, daß sie das deutsche Volkstum fälschen, ihm einen frivolen und unsoliden Beigeschmack geben, es wohl gar demoralisieren! Der Vorwurf, den wir besprechen, ist die Folge eines Irrwahns, nämlich desjenigen, daß die Deutschen ein reines und unvermischtes germanisches Volk wären. Man braucht nur nach dem Osten des Landes zu blicken, wo so viele slawische Laute ertönen, so weiß man wie es sich mit jenem Wahn verhält. In Berlin, dem einstigen wendischen Fischerdorf, wird heute vom urgermanischen Standpunkte gegen die Juden geschrieben! Nicht die Hetzer aber, sondern tolerante Männer waren es, es waren die Lessing, die Humboldt, die Schleiermacher, welche Berlin zu einem Sitze höchster Bildung des Deutschtums gemacht haben, und nicht wenig hat dazu ein Moses Mendelssohn beigetragen. Worin soll denn etwa das von Juden zu reinigende Deutschtum bestehen? Ist unser Deutschtum etwa das der noch reinen aber wilden und rohen Germanen in ihren Urwäldern und nicht vielmehr dasjenige, wie es sich durch mancherlei Mischungen im Laufe der Zeiten gebildet und verfeinert hat? Die West- und Süddeutschen haben viel römisches und keltisches, die Ostdeutschen noch mehr slawisches Blut in sich, — sind sie darum weniger gute Deutsche als die reiner gebliebenen Niedersachsen und Westfalen? Und warum sollten nun die deutsch sprechenden, in Deutschland geborenen und erzogenen, an der deutschen Litteratur, Kunst und Wissenschaft teilnehmenden „Semiten" weniger oder keine guten Deutschen sein? Nein, es ist ein Wahn und Aberglauben, daß es ein unvermischtes deutsches Volk gäbe; im politischen Leben ist der dem Staatsverbande Einverleibte, im geistigen aber der deutsch Sprechende ein Deutscher, er mag stammen, woher er will. Warum soll die kritische und logische Nation nicht auch kritisch und logisch verfahren, warum bei der notorischen Durcheinanderwürfelung der Völker noch etwas anderes außer dem Staatsverband und der Sprache als Kennzeichen der Nationalität aus der Rumpelkammer abgethaner Vorurteile hervorsuchen?

Und nun kommen wir zu der dritten schweren Anklage gegen die Juden, welche sich an den Gedanken knüpft, daß sie nicht mehr gedrückt sind; man wirft ihnen nämlich vor oder beschuldigt sie, die Herrschaft in Deutschland anzustreben. Zu all dem oberflächlichen Gerede in den antisemitischen Versammlungen kommt noch die Angst vor einem neuen „jüdischen Reiche deutscher Nation". Wir müssen leider sagen, daß zu dieser Besorgnis die Juden oder vielmehr ein Teil derselben durch allzu hastiges und zahlreiches Hervor- und Hinzudrängen zu Abgeordneten-, Stadtverordneten- und Richterstellen vielen Anlaß geboten haben. Aber ist das ein Grund dazu, daß „urkräftige Germanen", 49 Millionen an der Zahl, fürchten müssen, von einer halben Million Semiten unterjocht zu werden?" Es ist immer und überall dafür gesorgt, daß die Bäume nicht in den Himmel wachsen, und wenn schon jetzt die Juden sich zu öffentlichen Stellen herandrängen, so kann dies nicht fortdauern; denn dazu reicht ihre Zahl nicht aus, und das würde ja das jüdische „Geschäft" nicht erlauben. Wahrlich, der jüdische Zudrang zu Beamtungen wird bald aufhören, wenn deren Zugänglichkeit einmal nicht mehr neu ist und ihren Reiz verloren hat! Zuguterletzt aber: wann hat man je gehört, daß deutsche Beamte viel zu herrschen und nicht vielmehr sauer zu arbeiten und schwere Pflichten zu erfüllen haben? Und nach solchen Stellungen sollten die Juden, denen man Arbeitscheu und also auch Pflichtscheu vorwirft, lüstern sein? Man wirft ihnen zugleich vor, nicht zu arbeiten und sich doch nach

Arbeit zu sehnen?? Das begreife wer kann! Das „jüdische Reich deutscher Nation" ist daher auf Sand gebaut.

Die antisemitische Agitation verlangt Ausschließung der Juden von Richter- und Lehrerstellen in gewissem Maße. Wir möchten das Gesetz sehen, das eine solche Maßregel in Worte zu kleiden hätte! „Juden sind . . . . ausgeschlossen". Wer sind aber Juden? Das müßte doch näher präzisiert werden! Angenommen, es hieße: Anhänger der mosaischen Religion; — die nach Stellen der angegebenen Arten lüsternen Juden ließen sich aber taufen? Getaufte Juden sind ja nach Versicherung der „Antisemiten" (und die müssen es doch wissen!) nicht besser als die ungetauften! Was wollten da die Judenfeinde machen? Oder die stellenlustigen Juden erklären sich einfach als konfessionslos, versichern, Mitglieder keiner Synagogengemeinde zu sein? Was dann? Nun, da würden sich vielleicht die Antisemiten damit helfen, daß sie in den ersehnten Gesetzen zu sagen vorschlagen: „Leute von israelitischem Stamme." Glaubt man aber wirklich, es ließen sich ehrbare Gesetzgeber in Deutschland finden, die einer solchen den Stempel der Gehässigkeit an der Stirne tragenden Bestimmung zur Geltung verhelfen würden? Und wenn auch, — wie wollte man getauften oder konfessionslosen Juden beweisen, daß sie dem Volke Israel angehören? Nach der Physiognomie? Es giebt Nichtjuden mit entschieden jüdischem Typus und Juden ohne solchen; eine Rücksichtnahme darauf würde zu ebensoviel häßlichen wie lächerlichen Scenen führen! Oder nach dem Namen? Wo entscheidet denn der noch? Welche Löwenberg, Bremer, Meyer sind Juden und welche sind es nicht? Giebt es nicht gute Christen und Germanen, welche die alttestamentlichen Namen David und Zacharias führen? Nicht echte Juden mit dem Familiennamen Hermann? Kurz, man möchte sich flüchten hinter welchen Wortlaut man wollte, so stieße man auf einen Anachronismus und zugleich auf eine unüberwindliche Schwierigkeit! Und schließlich, — wer steht denn den Antisemiten dafür, wie lange ihr Ausschließungsgesetz in Kraft bleiben würde? Könnte nicht eine Gegenströmung es schon nach kürzester Zeit wieder wegblasen? Tendenzgesetze sind immer eine gefährliche Waffe und lockern die Achtung, welche das Gesetz unter dem Volke genießen soll.

Diejenigen den Juden gemachten Vorwürfe endlich, welche in das sittliche Gebiet gehören, wird man uns erlassen ausführlich zu behandeln. Es giebt, was keinem billig denkenden und gerecht urteilenden Menschen näher auseinandergesetzt zu werden braucht, unter jeder Nation und unter den Anhängern jeder Religion gute und schlechte Menschen und zahllose Zwischenstufen verschiedener Mischungen von Charakteren. Daß die Juden irgend einem Laster in auch nur relativem Maße mehr ergeben wären als Nichtjuden, dafür giebt es schlechterdings keine Nachweise. Eine Ausnahme kann höchstens bezüglich des Wuchers zugestanden werden, aber warum? Weil die Christen, welche früher denselben ihren Glaubensgenossen untersagten, die Juden selbst zum Wucher herangezogen haben, während jetzt zahlreiche christliche Wucherer den jüdischen alle erdenkliche Konkurrenz machen, gerade wie im Gründerwesen.

Wahrlich, die heutige Judenhetze ist zugleich eine unlogische und eine unsittliche Bewegung, welche von der Vernunft wie von der Moral und Humanität unbedingt zu verwerfen ist und von der Kulturgeschichte, als unparteiischer Richterin über das Thun und Lassen der Menschen unnachsichtlich an die Seite der großen Verirrungen und Geistesepidemieen aller Zeiten gesetzt werden muß. Schreitet die Regierung gegen diese Bewegung nicht ein, so wird sie sich selbst unberechenbare Nachteile bereiten; denn dem Fanatismus läßt sich nicht mehr Halt gebieten, wenn es einmal zu spät ist!

Hoffen wir indessen, auch diese „Mode" werde sich wieder ausleben! Es werden andere Erscheinungen sie verdrängen, die uns und die ganze Menschheit auf andere Bahnen führen. Man wird zur Erkenntnis kommen müssen, daß es dringendere und wichtigere Angelegenheiten giebt, die uns im Interesse unserer selbst und unserer Familien weit mehr in Anspruch zu nehmen das Recht haben, als die Hetze gegen die sogenannten Semiten.

Noch keine Partei, aber, wie es scheint, der leise Versuch zur „Gründung" einer solchen, tritt uns in dem Machwerke eines Schriftstellers entgegen, der sich einen „deutschen Patrioten" zu nennen die Stirne hat.*) Es handelt sich darin um die Anspinnung einer antimasonischen, d. h. gegen die Freimaurer gerichteten Bewegung, und zwar unter der Ägide und im Interesse der Jesuiten, denen der Verfasser wahrscheinlich angehört. Was derselbe für ein „deutscher Patriot" ist, zeigt die Thatsache, daß er eine Gesellschaft von 30 bis 40000 echten deutschen Männern, an deren Spitze die zwei ersten Kaiser des neuen deutschen Reiches standen, zu Gunsten einer Handvoll spanischer oder wenigstens spanisch fühlender Pfaffen sprengen möchte. Mit Hilfe einer Masse unbegründeter Behauptungen sucht der würdige Jünger Loyolas nachzuweisen, daß die Freimaurerei die Mutter der Sozialdemokratie sei, während die letztere bisher kein so starkes Bollwerk gegen sich gehabt hat, als eben die Freimaurerei. Unter den vom Verfasser benutzten 24 Werken oder

---

*) Freimaurerei und Sozialdemokratie oder: Ist außer der Sozialdemokratie auch die Freimaurerei nachweisbar religions-, staats- und gesellschaftsgefährlich? Ein Mahnruf an Fürsten und Völker von einem deutschen Patrioten. Stuttgart. Süddeutsche Verlagsbuchhandlung (D. Ochs).

Machwerken befinden sich nur drei von Protestanten; vier sind von dem notorisch im Wahnsinn verstorbenen Konvertiten Eckert; alle übrigen sind von Ultramontanen, und zwar vorwiegend von Jesuiten!

Gleich auf Seite 11 (der dritten des Textes) verrät der Verfasser krasse Unkenntniß, indem er sagt, daß in Deutschland und der Schweiz gleichwie in Frankreich und anderen Ländern das sog. altschottische System mit 33 Graden „herrsche". Es „herrscht" aber in Deutschland nicht nur nicht, sondern kommt hier überhaupt gar nicht vor! Auch in der Schweiz „herrscht" es nicht, sondern existiert nur in einigen Orten der französischen Schweiz, ohne allen Einfluß auf die Großloge dieses Landes. Dagegen ist dasjenige deutsche System, welches die meisten Grade zählt (neun), das der sog. Großen Landesloge, von einem durch und durch konservativen und christlich-orthodoxen Geiste beseelt und schließt demnach die Nichtchristen aus. Mit der Entlarvung dieser Unwahrheit fällt denn auch das ganze Kartenhaus des Ochs'schen Verlages zusammen; denn die schärfsten Anklagen gegen den Freimaurerbund, welche denselben als revolutionär und sozialdemokratisch darstellen sollen, beziehen sich eben alle auf das sog. altschottische System, welches in keiner einzigen Loge Deutschlands existiert, und sind durchweg französischen Quellen entnommen. Die deutsche Freimaurerei steht aber mit der französischen in keinerlei Verbindung. Die letztere allerdings enthält noch viel läppisches Zeug, das nicht ernst zu nehmen ist; was geht dies aber einen „deutschen Patrioten" an?

Schon Seite 13 stößt der Leser auf eine krasse Majestätsbeleidigung. Der Pamphletist behauptet, die in den Bund aufgenommenen Fürsten werden in die obersten Grade nur zum Schein und nicht in deren Geheimnisse eingeweiht. Wir haben nie, und gewiß kein wahrer Deutscher hat je gehört, daß die beiden seligen Kaiser Wilhelm I. und Friedrich die Männer waren, um sich bethören oder hinter das Licht führen zu lassen. Beide edle Monarchen sind durchaus in alles eingeweiht worden, was das von ihnen gewählte System (eben das schon erwähnte der „Großen Landesloge") überhaupt enthält, und haben sich ihr Lebenlang mit den Angelegenheiten des Bundes lebhaft und eingreifend beschäftigt. Kaiser Friedrich ist auch nicht aus dem Bunde getreten, wie der Pamphletist Seite 93 behauptet, sondern hat 1874 nur das von ihm darin bekleidete Amt eines Ordensmeisters niedergelegt und zwar aus dem Grunde, weil er fand, daß jenes System in seinen historischen Anschauungen mit wissenschaftlicher Kritik nicht vereinbar ist.*) Schon dies beweist, wie tief Er in das eingedrungen ist, was man die freimaurerischen

---

*) Das stellvertretende Protektorat aber behielt er bei, übernahm das wirkliche Protektorat bei dem Tode seines Vaters, und behielt es bis zu seinem eigenen Ableben.

„Geheimnisse" nennt, welche letzteren aber lediglich in Erkennungszeichen und in nicht immer haltbaren philosophischen Anschauungen, vorzugsweise aber in symbolischer Einkleidung derjenigen Moralgrundsätze bestehen, welche auch die aller humanen Menschen und im Grunde zugleich die des Christentums sind. Was im weitern von der deutschen Freimaurerei und von Ansprüchen deutscher Freimaurer gesagt wird (welche letzteren übrigens volle Freiheit in ihren Auffassungen und Äußerungen genießen), ist, so weit es nicht entstellt ist, lediglich freisinnig oder freireligiös und weder revolutionär noch sozialdemokratisch. Es ist jedoch nicht einzusehen, warum die deutschen Logen neben einer großen Mehrheit Konservativer und Orthodoxer nicht auch eine Minderheit Freisinniger und Aufgeklärter aufnehmen sollten, soweit es ehrenhafte Männer sind. Je höher aber in Deutschland die Grade steigen, desto weniger freisinnig und desto konservativer ist der in ihnen herrschende Geist, bis er im höchsten Grade der sog. „Großen Landesloge" geradezu mystisch wird und nahezu an Pietismus streift. Es ist daher ein echt jesuitischer Kniff des Pamphletisten, zuerst anscheinend beiläufig das altschottische System von 33 Graden nach Deutschland übergreifen zu lassen, um dann die mannigfaltigen Thorheiten dieses Systems (die übrigens von Taxil, der Hauptquelle des Machwerkes, notorisch ebenfalls entstellt sind) den deutschen Freimaurern zur Last zu legen. Die französische Maurerei aber zu verteidigen, fällt uns nicht bei; wir kennen ihre Rituale nicht, und auch die gesamte deutsche Freimaurerei kümmert sich nicht um sie. Damit kennzeichnet sich denn die Heuchelei und Perfidie dieses angeblichen deutschen Patrioten (vielmehr römischen Finsterlings), der die deutsche Freimaurerei unterdrücken möchte, weil die französische Dummheiten treibt, die allzuleicht in einem ihr nachteiligen Lichte ausgelegt werden können.*) Es ist hier nicht der Ort, den Gegenstand weiter zu verfolgen (dies geschieht vielleicht anderswo); es handelt sich hier nur darum, zu zeigen, was für verderbliche Auswüchse der Parteifanatismus erzeugt. Gerade die Loge ist ein Mittel zur Zügelung desselben, und selbst in dem unwahrscheinlichen Falle, daß sich eine ultramontan-ultrakonservative Mehrheit des Reichstags (der sich zuverlässig die Sozialdemokraten als erbitterte Feinde der humanen Richtung des Bundes, der für sie ein aristokratischer ist, anschließen würden) zur Unterdrückung der Logen finden sollte, würde die Welt mit Erstaunen zusehen, wie ruhig und widerstandslos die Freimaurer, als wahre Patrioten, den Gesetzen ihres Vaterlandes gehorchen würden. Solche Leute aber, die sich für dergleichen schmähliche Hetzen

---

*) Die zugleich frevelhaften und krankhaften Donquijotiaden einer Anzahl von Pariser Logen während des Krieges und des Kommuneaufruhrs sind vom französischen Großoriente selbst verurteilt worden.

einen deutschpatriotischen Mantel umhängen, verdienen, daß ihnen derselbe abgerissen wird.

Wir kommen nun zu den an sich ehrenwerten Parteien, welche nur den Lauf der Geschichte nicht verstehen und den Geist des Fortschritts, der in ihr lebt und wirkt, nicht aufzufassen vermögen. Es sind dies die feudale und die ultramontane oder katholische Partei. Die erstere lebt noch im politischen und sozialen, die letztere im religiösen und kirchlichen Mittelalter, dessen wahre Gestalt aber beide Parteien teils nicht kennen, teils falsch auffassen.

Die feudale Partei herrscht noch im preußischen Herrenhause und in einigen Kleinstaaten; aber ihre Macht ist im Rückgange begriffen. Die segensreiche Reform der Kreisordnung für die östlichen Provinzen verwarf das genannte Herrenhaus am 31. Oktober 1872 mit 148 gegen 18 Stimmen, ungeachtet ein Glied der Partei, Graf Eulenburg, sie dringend empfahl und der Kaiser selbst ihn unterstützte, und ungeachtet die völlige Unfähigkeit der gutsherrlichen Polizei zum Schutze des Landes gegen Zigeuner und andere Vagabunden nachgewiesen war. Aber der Fortschritt ließ sich nicht unterdrücken. Als das Abgeordnetenhaus die Vorlage mit 288 gegen 91 Stimmen annahm, war es nicht nur ein „Pairsschub", sondern die Umstimmung eines großen Teils der „Herren", was am 9. Dezember in der adeligen Kammer mit 116 gegen 90 Stimmen die Annahme bewirkte. Graf Eulenburg sagte an jenem Tage die beherzigenswerten Worte: „Der ganze Baum, der in Deutschland, von Preußen ausgehend, gewachsen ist, ist ein liberaler Baum, eine freisinnige große Schöpfung; Gott hat ihn wachsen lassen, Gott wird auch über dieser Frucht seine schützende Hand halten." Und der greise Kaiser, sich aus seiner Jugendzeit erinnernd, wie man am Hofe aus den Reformen der Stein und Hardenberg den Untergang der Grundbesitzer und des Staates geweissagt hatte, erklärte sich überzeugt, daß auf jenen Reformen die heutige Größe Preußens beruhe, und unterzeichnete mit fester Hand die sich jetzt glänzend bewährende Kreisordnung. Heute widersetzt sich die feudale Partei dem weitern notwendigen Schritte einer Reform der Landgemeindeordnung. Aber auch hier wird die Macht der Geschichte überwundenen Standpunkten gegenüber ihr Recht wahren. Ebenso wird sie es gegenüber dem in der feudalen Partei vertretenen Pietismus, unter dem keineswegs die evangelische Kirche, ja nicht einmal deren gesamte orthodoxe Richtung, sondern nur das Extrem der letztern, nämlich ein Geist der Sklaverei des Bibelbuchstabens und der Opposition gegen jede wissenschaftliche Forschung zu verstehen ist. Dieser Geist sträubt sich umsonst gegen das unaufhaltsam sich drehende Rad der geschichtlichen Thatsachen.

Indem wir uns der ultramontanen Partei oder dem Centrum zuwenden, müssen wir uns zuvörderst gegen die Auffassung verwahren, als ob

„Ultramontanismus" ein Schlagwort wäre, mit dem man die katholische Kirche zu treffen meinte. Nicht die letztere, sondern die zur Zeit in ihr herrschende Richtung ist mit jener Bezeichnung gemeint, nämlich die Tendenz, das gesamte Staatsleben von dessen Verhältnis zur Kirche abhängig zu machen. Von der feudalen Partei unterscheidet sich die katholische dadurch, daß sie in nichtkirchlichen oder nicht mit der Kirche zusammenhängenden Fragen die Forderungen des Fortschritts in der Geschichte versteht und zu würdigen weiß. Sie will nur die Kirche in ihrer angeblich mittelalterlichen Gestalt aufrechterhalten, sie aber mit neuzeitlichen Einrichtungen umgeben, was durchaus ein Widerspruch und ein schlechterdings unhaltbarer Standpunkt ist.

Wie mächtig indessen dieser Standpunkt vorläufig noch ist, hat der erfolglose Ausgang des Kulturkampfes bewiesen, eines Kampfes, der ganz ungeschichtlich aufgefaßt wird, wenn man ihn als absichtlichen Krieg gegen die katholische Kirche betrachtet, von welcher er vielmehr dem Staate herausfordernd aufgedrängt wurde. Werfen wir daher einen kurzen Rückblick auf denselben. Papst Pius IX. hatte schon bei dem Antritte seiner Regierung (1846) den Anspruch auf Unfehlbarkeit erhoben. Nachdem er infolge der Revolution von 1848 und 1849 seine liberalen Reformpläne für den Kirchenstaat und seine Sympathien mit einem einigen Italien aufgegeben, ließ er sich seit 1850 vollständig von den Jesuiten leiten, welche ihn ermutigten, durch die selbstständige Definition des Dogmas von der unbefleckten Empfängnis Marias jene Unfehlbarkeit praktisch zu bethätigen. Zugleich versuchte er, durch Wiederaufrichtung der römischen Hierarchie in England und Holland und durch die Konkordate mit Österreich und den süddeutschen Staaten, eine Wiederbelebung der Weltherrschaft, wie sie die mittelalterlichen Päpste ausgeübt hatten. Als aber die Schöpfung der Einheit Italiens 1859 und 1860 einen Strich durch seine Rechnung machte, strebte er, in Voraussicht vollständigen Verlustes der weltlichen Herrschaft, desto eifriger nach einer Erhöhung des geistlichen Glanzes seiner Würde, und begann dies damit, daß er in der Encyklika und dem Syllabus von 1864 sämtliche Ideen der Neuzeit verurteilte (freilich in einer durch die scholastische Ausdrucksweise der Jesuiten entstellten Form, nämlich in der von Sätzen, die großenteils gar nie behauptet worden sind). Diese konfusen Sätze waren indessen lediglich eine Vorbereitung auf den Hauptschlag, der die päpstliche Würde und Gewalt als eine an keine weltlichen Schranken, an keine Gesetze, Verfassungen und Verträge gebundene darstellen und feiern sollte. Der Haupt- und Kernpunkt des Syllabus war die Verwerfung aller Glaubens- und Gewissensfreiheit, die der Papst „Wahnsinn" nannte, zugunsten der alleinherrschenden römischen Kirche, eine Maßregel, durch welche nicht nur die Selbständigkeit, sondern geradezu die Existenz der Staaten bedroht wurde.

Im Jahre 1868 lud dann Pius IX. für das folgende Jahr alle katholischen Bischöfe zu einem ökumenischen Konzil im Vatikan ein. Da nun (nicht das Einladungsschreiben, sondern) das von den Jesuiten herausgegebene Leibblatt des Papstes (Civiltà cattolica) ankündete, daß es sich in dem kommenden Konzil um die Erhebung der Sätze des Syllabus zu Glaubenssätzen und um die Anerkennung der Unfehlbarkeit des Papstes handeln werde, so lag doch klar auf der Hand, daß die Katholiken aller Länder künftig verbunden sein sollten, die Glaubensfreiheit aller übrigen Konfessionen für verwerflich zu halten. Der Bestand paritätischer Staaten war damit überhaupt in Frage gestellt, am allermeisten also derjenige der deutschen Staaten. Es waren die geachtetsten, gelehrtesten und frömmsten Erzbischöfe, Bischöfe und Gelehrten der katholischen Welt, welche sich gegen dieses Vorhaben aussprachen. Wir nennen als Beispiele die Kirchenfürsten Dupanloup, Darboy, Rauscher, Schwarzenberg, Fürstenberg, Haynald, Melchers, Förster, Stroßmayr, Rameza= nowski, Eberhard, Kremenz, Beckmann, Ketteler, Hefele, Simon, Connolly, Maret, Graf Montalembert, die Professoren Döllinger, Huber, Reinkens und Schulte, und den spätern Centrumsführer Dr. Windthorst. Mehrere Gegner des neuen Dogmas verließen das Konzil vor der Abstimmung über jenes; 88 stimmten gegen dasselbe und reisten ab, ohne sich zu unterwerfen. Am Tage nach der letzten Abstimmung wurde die Kriegserklärung Frankreichs in Berlin abgegeben, und zwei Monate später machten die Italiener dem Reste des Kirchenstaates ein Ende. Österreich antwortete auf den römischen Be= schluß durch Aufhebung des Konkordats. Im neuen deutschen Reiche aber ging der Kampf nicht vom Staate, sondern von der Kirche und ihren An= hängern aus. Es bildete sich demonstrativ die Centrumspartei; sie verlangte, nach dem Vorgange des Bischofs Ledochowski, das Einschreiten Deutschlands gegen Italien zur Wiederherstellung des Kirchenstaates, und nach dem Vor= gange des Bischofs Ketteler Aufnahme von Bestimmungen zugunsten der katholischen Kirche in die Reichsverfassung, die zwar in der preußischen Ver= fassung standen, aber jetzt durch das Konzil einen ganz andern Charakter er= halten hatten. Die Bischöfe, die sich mit Widerstreben schließlich dem Papste unterworfen hatten, verlangten dies jetzt von der gesamten Geistlichkeit, von den Professoren der Theologie und von den Religionslehrern und muteten dem Staate zu, diejenigen Inhaber der zwei letzteren Ämter, die sich nicht unter= warfen, von ihren Stellen zu entfernen. Als dies nicht geschah, wurde den angehenden Geistlichen der Besuch der Vorträge jener Professoren verboten, und die Religionslehrer, welche sich nicht unterwarfen, wurden exkommuniziert.

Nun erst begann der Staat einzuschreiten, und zwar damit, daß am 23. November 1871 im Reichstage der Minister Baierns, Dr. von Lutz, ver=

anlaßt durch dortige skandalöse Vorgänge geistlicher Hetzerei, in das Strafgesetzbuch für das Deutsche Reich einen Paragraphen einzuschalten beantragte, welcher Geistliche mit Gefängnis bedrohe, wenn sie in Ausübung ihres Berufes durch Einmischung in Staatsangelegenheiten den öffentlichen Frieden stören. Es wurde bei diesem Anlasse enthüllt, daß Bischöfe und niedere Geistliche Baierns, sowie klerikale Blätter dieses Landes schon vor und auch nach dem Kriege den Anschluß an Frankreich gegen Preußen verlangt und dem Staate mit Revolution und Demokratie gedroht hatten. Diese Thatsachen wurden von ultramontaner Seite nicht geleugnet, und das beantragte Gesetz wurde mit großer Mehrheit angenommen. Nun folgte so natürlich wie der Donner auf den Blitz und der Regen auf die Verdichtung der Wolken die Verbannung des Jesuitenordens und seiner Affiliierten aus dem Reiche, aus Gründen, die noch in frischer Erinnerung sind, durch den Reichstag am 19. Juni 1872. Auch diesmal wurde von den Verteidigern des Ordens nur mit Phrasen und mit keiner einzigen Thatsache zugunsten des Ordens geantwortet; ja sie verschlimmerten dessen Sache nur noch durch ihre Geständnisse über seine Grundsätze, und Domkapitular Moufang aus Mainz ging soweit, zu verlangen, daß die Katholiken im Reiche nicht auf gleichem Fuße wie die Protestanten, sondern nach dem Standpunkte ihrer Kirche behandelt, und daß ihre Stellung im Reiche mit dem Papste, ja von diesem geordnet werden solle. Sogar die konservativsten Protestanten, bis dahin Freunde des Centrums, hatten gegen die Jesuiten gestimmt.

In maßlos heftiger Sprache und kecker Verschweigung ihrer Initiative im „Kulturkampfe" erließen am 20. September die in Fulda versammelten deutschen Bischöfe eine Streitschrift gegen den Staat, rechtfertigten damit die vor ihrer Unterwerfung von ihnen geänßerte Erwartung, daß das neue Dogma die schwersten Zerwürfnisse mit dem Staate herbeiführen werde, und nannten den Jesuitenorden „einen integrierenden Bestandteil der anerkannten römischen Kirchenverfassung" und die Schule ein bloßes Annex der Kirche.

Der Papst aber sprach die Hoffnung aus, es werde sich bald das Steinchen von der Höhe loslösen, das den Fuß des Kolosses (d. h. des Deutschen Reiches) zerschmettere. Das Jesuitenblatt aber predigte einen Kreuzzug unter Anführung Frankreichs und unter Beteiligung aller guten Katholiken, auch der Deutschen, gegen das Deutsche Reich und Italien.

Unter diesen Umständen legte 1873 der neue preußische Kultusminister Dr. Falk die vier sog. Maigesetze vor, durch welche der Name des „Kulturkampfes" (zuerst von Professor Virchow gebraucht) in die Welt trat. Der Zweck derselben war: die Androhung, Verhängung und Verkündung von Straf- und Zuchtmitteln durch Religionsdiener in nicht rein religiösen Dingen zu beschränken, — die Bekleidung geistlicher Ämter nur durch geprüfte Deutsche zu gestatten, die kirchliche Disziplinargewalt und die Berufung an den königlichen Gerichtshof für kirchliche Angelegenheiten zu regeln, und endlich die Formen bei Austritten aus der Kirche festzusetzen.

Diese Gesetze, mit denen auch eine teilweise, sie rechtfertigende Abänderung der Verfassung verbunden war, und ihre Ergänzungen in den zwei folgenden Jahren samt der Aufhebung einiger kirchlichen Verfassungsartikel waren im Interesse des Staates gut gemeint, haben aber einen solchen Sturm auf katholischer Seite gegen sich entfaltet, in so großem Maße alle gleichgiltigen und lauen Katholiken in die entschieden klerikale Partei getrieben, die Religionsfreiheit so schwer geschädigt, den Staat bei den Katholiken so verhaßt gemacht und den öffentlichen Frieden in so herber Weise zerrüttet, daß ihr Erlaß nur bedauert werden kann. Es war allerdings eine Notwehr des Staates geboten; aber das Mittel dazu war weder glücklich noch richtig gewählt; es war, obschon seit dem vorigen Jahrhundert in vielen Staaten teilweise weit schärfer angewandt, unter den damaligen Umständen veraltet, und die einzige richtige Maßnahme gegen kirchliche Übergriffe wäre gewesen, den Staatsangehörigen die Teilnahme an kirchlichen Körperschaften und deren religiösen Übungen vollständig freizustellen. Die Anerkennung der alt- oder christkatholischen Gemeinden und die Einführung der Standesämter waren viel richtigere Maßregeln, gegen welche die klerikale Partei nichts einwenden konnte, da sie unmöglich den Anspruch erheben durfte, solche Leute zur katholischen Kirche zu zählen, welche nicht zu ihr gehören wollten. Wir sind der bestimmten Ansicht, daß ohne die Maigesetze, ja sogar trotz dem Jesuitengesetze, die ultramontane Partei ihre nachherige Stärke nicht gewonnen hätte.

Die neueste Geschichte hat die Richtigkeit dieser Ansichten bewiesen. Im Jahre 1878 starb Pius IX. und sein Nachfolger Leo XIII. war ein klügerer Mann. Schon 1880 war alle Welt kulturkampfmüde und sehnte sich nach Frieden mit der Kirche. Die verwaisten Bistümer und Pfarreien wurden nach und nach wieder besetzt. Rom hat nicht gesiegt; Preußen-Deutschland ist nicht besiegt worden; Fürst Bismarck ist nicht nach Canossa gegangen, — sondern eine veränderte Zeitstimmung, ein Umschwung in der öffentlichen Meinung hat dem verfehlten Kulturkampf ein Ende gemacht, während die Errungenschaften des wahren Kulturkampfes, die staatliche Ordnung des Zivilstandes, die Verbannung des Jesuitismus und die Anerkennung der katholischen Dissidenten noch heute bestehen und auch bestehen bleiben werden. Was die klerikalen Katholiken noch weiter verlangen, das wird vielleicht künftig den Gegenstand von Kompromissen bilden. Wir wollen hier nur die Andeutung eines solchen geben. Es könnte z. B. der Religionsunterricht den Konfessionen vollständig freigegeben werden, natürlich in dem Sinne, daß den Eltern die Wahl des bezüglichen Unterrichts ihrer Kinder überlassen würde, wogegen der weltliche Unterricht ausschließlich dem Staate und weltlichen Schulbehörden anheimfiele. Dagegen hätten die Katholiken auf jede Agitation zugunsten der Jesuiten, von denen nun einmal die große Mehrheit der Deutschen, und zwar mit Grund, nur Unheil erwartet, sowie auf jede Agitation für eine Wiederherstellung der weltlichen Herrschaft des Papstes zu verzichten. Beides können sie auch sehr wohl, ohne ihre Grundsätze preiszugeben. Daß die Jesuiten ein integrierender Bestandteil der katholischen Kirchenverfassung seien, ist unwahr; der Papst kann den Orden jeden Augenblick aufheben, einen wirklichen Bestandteil der Kirchenverfassung aber nicht. Man will sie als Bollwerk gegen die Sozialdemokratie ausgeben; es läßt sich aber nicht behaupten, daß sie in den Ländern, in welchen sie geduldet sind, als ein solches irgend etwas gegen diese Richtung bewirkt haben. In Belgien, wo die Jesuiten am mächtigsten sind, da sind es auch die Sozialisten, und die beabsichtigte Einführung des allgemeinen Stimmrechtes würde sie sogar an das Ruder des Staates bringen. Die katholische Kirche ohne die Jesuiten würde nicht nur keinen Schaden leiden, sondern an Reinheit und Ehrwürdigkeit entschieden zunehmen.

Die geträumte Wiederherstellung des Kirchenstaates oder eines Stückes desselben geht Deutschland gar nichts an. Nicht einmal die ganz oder vorwiegend katholischen Staaten: Frankreich, Österreich, Italien, Spanien, Portugal, Belgien, beabsichtigen eine Hand zu gunsten jener Traumidee zu rühren. Wie käme denn das paritätische Deutschland dazu? Der Kirchenstaat war, wie Döllinger vor 1870 nachgewiesen hat, das schlechtest regierte Land der Welt, und wie würde es sich mit der Begeisterung des Centrums für Volksfreiheit reimen, einem Teile der Italiener eine Herrschaft aufdrängen zu wollen, der sie durchaus abgeneigt sind? Auch hat die Erfahrung der neuesten Zeit bewiesen, daß der Papst ohne weltliche Herrschaft durchaus keinen Mangel an Unabhängigkeit leidet, sondern vielmehr als ideales Kirchenhaupt weit höheres Ansehen genießt, denn als italienischer Mittelfürst. Ein Friede der Katholiken mit dem Deutschen Reiche auf den angedeuteten Grundlagen wäre eine hochpatriotische That!

Vielfach hängen mit der ultramontanen Partei die partikularistischen Bestrebungen in manchen Teilen des Reiches zusammen. Einen gemeinsamen Charakter haben dieselben nicht, sondern entspringen sehr verschiedenen Quellen; hingegen sind sie sämtlich, wenn schon in langsamem, doch in unverkennbarem Hinsiechen und Absterben begriffen. Wir haben schon bemerkt, daß sich im neuen Reiche noch niemals eine Gruppierung der Volksvertretung nach Staaten bemerkbar gemacht hat. Alle an Anhängern zahlreicheren Richtungen wie die Konservativen, Nationalliberalen, Freisinnigen und Sozialdemokraten, sowie das Centrum bestehen aus Angehörigen der verschiedensten Staaten. Von partikularistischen Richtungen deutschen Ursprungs bilden allein die Welfen, d. h. die Anhänger des depossedierten Hauses Hannover, eine besondere Gruppe (heute 11 von 19 Abgeordneten der Provinz) im Reichstage. Selbständig aufgetreten ist dieselbe niemals, sondern begnügte sich, obschon vorwiegend aus Protestanten bestehend, einen Anhang zum ultramontanen Centrum vorzustellen, wodurch sowohl der katholisch-kirchliche Charakter des letztern getrübt, als die Tendenz des Welfentums kompromittiert wurde. Die Anhänglichkeit an ein gestürztes Haus ist sehr ehrenwert und ergreifend; die Welfen aber sollten doch bedenken, daß ihr Fürstenhaus wiederholt die Verfassung des Landes unterdrückt, stets absolutistische Neigungen befolgt hat und zuletzt mit Landesverrat umgegangen ist (s. oben S. 29 f.), wodurch es sich selbst für immer unmöglich gemacht hat. Sie sollten bedenken, daß das Deutsche Reich Fortschritte gemacht und Reformen bewirkt hat, von denen im ehemaligen Königreiche Hannover nichts auch nur versucht wurde, ja wo seltsamerweise die Regierung durch das gerade Gegenteil derjenigen Institutionen zu glänzen suchte, welche das stammverwandte England unter dem Hause Hannover groß gemacht haben. Die Nachkommen englischer Könige als Verfassungsfeinde und zugleich als Verbündete des revolutionären Frankreichs gegen ihr deutsches Vaterland, — diese groteske Zusammenstellung allein sollte beweisen, daß die Zeiten eines Welfenreiches — tempi passati sind, und daß eine erfreuliche Zukunft des wackern, des echtdeutschen niedersächsischen Volkes nur im offenen, redlichen Anschlusse an Kaiser und Reich begründet sein kann.

Die Anhänge der übrigen gestürzten Häuser haben wenig Bedeutung und spielen keine Rolle, weshalb wir darüber hinwegsehen. Wer denkt denn heute noch mit Sehnsucht an die Zeiten der Selbständigkeit kleiner Fürstentümer, an die barocken Liebhabereien ihrer Regenten, an ihre Miniaturfestungen, Paradegarden, Jagdabenteuer, Mätressen- und Günstlingswirtschaften, wie sie Karl Braun von Wiesbaden so drastisch geschildert hat? Wer betrachtet auch nur die verbliebenen „Reservatrechte" der mittleren Staaten noch als große und wichtige Angelegenheiten und nicht vielmehr als Übergangszustände zu größerer Einheit des Reiches?

Anders als mit den Welfen verhält es sich mit den partikularistischen Fraktionen nichtdeutschen Ursprungs. Die Anhänglichkeit der Polen an ihr zerrissenes Vaterland ist höchst achtungswert und wäre es um so mehr, wenn sie zugleich die wahren Ursachen des Untergangs Polens, nämlich die anarchischen Zustände seiner Adelsherrschaft erkennen und wenn sie einsehen würden, daß ihr wirklicher Feind nicht Deutschland, sondern Rußland ist. Ihr mit dem Deutschen Reiche vereinigter Bruchteil ist der kleinste nicht nur, sondern auch der am wenigsten kompakte, weil überall mit deutscher Bevölkerung durchsetzte. Dies sollte die posenschen und benachbarten Polen bewegen, in Deutschland eine Stütze zu suchen, statt in dessen Gebiet eine aussichtslose Propaganda zu treiben, die zu großem Teile gar keine polnischen, sondern römische Ziele verfolgt. Ein Konflikt des Reiches mit dem slawischen Kolosse im Osten würde ihnen diese Erwägung noch näher legen.

Von der kleinen dänischen Partei in Nord-Schleswig verlohnt sich kaum zu sprechen, und dies um so weniger, als in jenem Landesteile das tägliche Umsichgreifen des deutschen und das allmähliche Verschwinden des dänischen Elementes statistisch nachgewiesen ist.

Weit weniger berechtigt als der polnische Patriotismus im Osten, ja sogar als der dänische an der jütischen Grenze sind die französischen Sympathien in Elsaß-Lothringen (d. h. wenn wir von dem französisch sprechenden Grenzstreifen um Metz absehen). Elsaß ist ganz und Lothringen größtenteils deutsch; beide Landschaften, die jetzt (soweit annektiert) ein Reichsland (nicht zwei solche, wie oft irrig gesagt wird) bilden, wurden dem frühern deutschen Reiche teils durch Gewalt, teils durch Verrat abgenommen; bis zur Revolution war in ihrem Gebiete die deutsche Gesinnung die vorherrschende; die französische, die seitdem Platz griff, ist eine künstlich aufgezogene Treibhauspflanze. Wenn protestlerische Elsaß-Lothringer in Paris einen Christbaum anzünden und ein französisch schreibender und gegen Deutschland hetzender Elsasser sich „Heimweh" nennt, so ist das doch der Gipfel der Lächerlichkeit; denn da hören alle Begriffe von Nationalität auf. — Nun liegt aber die Sache so, daß, ungeachtet mancher unleugbarer Mißgriffe in der deutschen Verwaltung des Reichslandes, die französischen Sympathien, besonders auf dem Lande im deutsch sprechenden Teile, abnehmen. Die letzten Wahlen haben mehrere Anhänger deutscher Parteien in den Reichstag geführt, und der Rest der Abgeordneten, die „Protestpartei", besteht fast nur noch aus katholischen Geistlichen, die sich vom „Centrum" nicht wesentlich unterscheiden. Das französische Geschrei nach Revanche sinkt an Kredit in Frankreich selbst, und was Deutschland einmal festhält, das wird es auch mit der Zeit zu assimilieren wissen.

Wir haben hier keinen Anlaß, von denjenigen deutschen Parteien, welche nicht wie die bisher erwähnten, einer unwiederbringlichen Vergangenheit, sondern, verschiedenen Perioden der rein deutschen Geschichte entsprechend, der Gegenwart und teilweise der Zukunft angehören, weitläufig zu sprechen. Wir meinen die Deutsch- und die Freikonservativen, die Nationalliberalen und die Freisinnigen. Sie alle begegnen sich in aufrichtiger Vaterlandsliebe und leiden nur, besonders die zwei äußersten Flügel, zeitweise am Mangel der Einsicht dessen, was das Wohl, die Sicherheit und die Zukunft des Reiches erfordern. Wie gern würden wir sie, ohne Preisgebung ihrer Überzeugungen, mit einem versöhnten Centrum (s. oben S. 79) in einen Bund gegen diejenige Richtung zusammentreten sehen, deren Besprechung den Schluß dieses Buches bilden soll!

Es bleibt gewiß, wie niemand leugnen kann, im neuen deutschen Reiche noch vieles zu wirken und zu bessern, was in dem engen Rahmen gegenwärtiger Schrift nicht unterzubringen ist.

Das dringendste und wichtigste aber ist nach unserer Ansicht die Vereinigung aller wahrhaft deutsch gesinnten, für die Zukunft des Vaterlandes besorgten und für dessen Wohlfahrt begeisterten Männer, welcher Partei sie sonst angehören mögen, zur Bekämpfung der unmittelbarsten Gefahr, welche dem Reiche, nicht nur dessen Verfassung, sondern dessen ganzem Bestande droht.

Diese Gefahr ist die sogenannte Sozialdemokratie.

Wir sagen absichtlich: die sogenannte, weil es in Wirklichkeit ein Ding dieses Namens gar nicht giebt. Es soll damit eine gewisse Verfassung der menschlichen Gesellschaft bezeichnet werden. Alle Verfassungen aber, welche nicht bloß in der Phantasie einzelner Menschen existieren, sind die notwendigen Ergebnisse geschichtlicher Entwickelungen, welche, je nachdem die letzteren sich gestalten, so oder anders ausfallen müssen. Gegen diese Notwendigkeit ist kein Kraut gewachsen. Es nützt in aller Welt nichts, von einseitigem, anerzogenem Standpunkte die Monarchie oder die Republik diesem oder jenem Lande zu wünschen oder zu bedauern, daß es die eine oder andere besitzt oder nicht besitzt. Der Verfasser dieser Zeilen giebt theoretisch als geborener Schweizer der Republik ohne demokratische Übertreibungen den Vorzug unter den Verfassungen; praktisch aber und als Historiker anerkennt er, daß das Deutsche Reich gegenwärtig und noch lange hinaus vermöge seiner geschichtlichen Entwickelung nur die konstitutionelle Monarchie, und zwar ohne die Schwankungen des sog. Parlamentarismus ertragen kann. Weder fromme Wünsche, noch Gewaltstreiche könnten dem Deutschen Reiche auf unabsehbare Zeit etwas anderes aufdrängen; jeder der letzteren müßte schmählich mißlingen.

Was ist nun Sozialdemokratie? Ein demokratisch organisierter, d. h. durch Volkswahlen und Volksgesetzgebung beherrschter Zustand der Gesellschaft ohne Staatsgewalt, mit Arbeitszwang, Aufhebung des Privateigentums, Freigebung der geschlechtlichen Verhältnisse und vollständiger Gleichberechtigung aller. Ein solches Gemeinwesen könnte sich vielleicht nach und nach aus einer vollkommen durchgebildeten politischen Demokratie entwickeln, nimmer aber aus einer Monarchie ohne republikanische Zwischenstufen. Aber auch dann müßte das Land reif sein dazu, und nicht nur das, — es müßten auch die Persönlichkeiten vorhanden sein, welche die Fähigkeit besäßen, ein solches bis dahin nur in der Idee vorhandenes, gleichsam in der Luft schwebendes Gesellschaftsbild zu verwirklichen, zu organisieren und aufrecht zu erhalten. Schon dies zeigt die Unmöglichkeit einer Sozialdemokratie. Denn diese Gründer, Führer und Leiter des geträumten Zustandes würden in diesem notwendig eine neue Aristokratie bilden, welche im Schoße der Masse zuverlässig Unzufriedenheiten gegen sich hervorrufen würde, die, wenn sie zum Ausbruch und zum Sturze der neuen Aristokratie führen sollten, notwendig die Anarchie zur Folge haben müßten. Bestehen ja schon heute, da noch nicht die mindeste Aussicht zu einem Siege der Sozialdemokratie vorhanden ist, die tiefsten Mißstimmungen und schärfsten Spannungen zwischen den Führern und der Masse dieser Partei! Schon jetzt beginnt die Masse in den Führern, d. h. ungefähr in den Reichstagsabgeordneten der Partei, welche notorisch besser und feiner leben als die Masse, neue Aristokraten oder gar Tyrannen zu wittern und sich gegen sie aufzulehnen, und schon jetzt nähern sich die äußersten linken Flügel der Sozialdemokratie auf bedenkliche Weise der anarchischen Richtung, mit welcher sie in Frankreich und wohl auch anderwärts bereits verschmolzen sind! Es geht damit ähnlich wie mit dem frühern Sozialismus und Kommunismus, die sich noch vor einigen Jahrzehnten heftig bekämpften, jetzt aber unter der Fahne des extremern Kommunismus verschmolzen sind. Die heutigen Führer der Anarchie, die Most, Penkert, Dave u. A., sind aus der Sozialdemokratie, der Anarchist „Fürst" Krapotkin aus dem gemäßigten russischen Nihilismus hervorgegangen. O. v. Leixners wohlunterrichtete „Soziale Briefe aus Berlin" weisen in erschreckendem Maße nach, wie die „nichtabgeordneten" Kreise der Sozialdemokraten zusehends anarchischer werden. Die Anarchie aber besteht in der Abwesenheit jeder Organisation, also in dem Gegenteil der schönen Träume, wie sie Bebel für den nicht näher überlegenden Teil seiner Leser so verlockend schildert.

Daß Bebel (mit der gleich nachher zu erwähnenden Einschränkung) gleich den früheren sozialistischen Utopikern: Saint Simon, Fourier, Cabet u. A., überzeugt ist, in seinem Buche „Die Frau und der Sozialismus" (10. Auflage 1891) einen Zustand geschildert zu haben, der das Glück der Menschheit begründen würde, daran zweifelt gewiß niemand; aber Bebel ist so gut ein Utopiker wie Bellamy (der Verfasser des „Rückblicks", der aber sprachrichtiger „Vorausblick" hieße), den er, im Gegensatze zum Sozialisten mit jener Bezeichnung abfertigen zu können glaubt. Es wird überhaupt kein unbefangener, vorurteilsloser und vernünftiger Mensch leugnen wollen (denn das würde doch nichts nützen), daß der Sozialismus einen berechtigten innern Kern hat, nämlich die Reformbedürftigkeit der heutigen sozialen Zustände. Bebel meint irrigerweise, alle Gegner des Sozialismus hielten die gegenwärtige Welt für die bestmöglichste. Ganz gewiß giebt sich vielleicht mit Ausnahme der „oberen Zehntausend" keine denkende Seele diesem Wahn hin, nicht nur nicht die „unteren Millionen", sondern auch die „mittleren Hunderttausende" nicht, und auch die glücklichen „Zehntausend" stellen sich nur aus Egoismus so. Woher käme denn der ungeheuer weit, sogar unter den letztgenannten sehr stark verbreitete und stetig anwachsende Pessimismus, wenn jener rührende Optimismus unter den „Gutsituierten" die herrschende Ansicht wäre? Nein, die heutigen sozialen Zustände sind immer noch traurig und werden täglich trüber in sämtlichen „civilisierten Ländern"; aber eine ganz andere Frage ist, ob die Sozialdemokraten (und nun gar die Anarchisten!) die Leute dazu wären, jene Zustände zu verbessern oder durch bessere zu ersetzen und ob die von ihnen geträumte „bessere Welt" zu verwirklichen wäre, und endlich, ob die Menschheit durch dieselbe glücklicher werden würde als bisher.

Diese Frage muß so lange mit entschiedenem „Nein" beantwortet werden, als die Träumer der „bessern Welt" nicht schon im kleinen bewiesen haben, daß ihre Vorschläge durchführbar wären. Wer in aller Welt hindert sie denn an Versuchen? In Amerika sind solche gemacht worden, aber wie Bebel selbst sagt, großenteils mißlungen. Hier handelt es sich nun aber um Deutschland. Fürst Bismarck hat den Sozialdemokraten den Raum zu Versuchen angeboten; sie haben aber keinen Gebrauch davon gemacht. Sie konnten doch aus ihren bekanntlich bedeutenden Parteifonds Kooperativgenossenschaften bilden, die im kleinen durchführen würden, was die Sozialdemokratie im großen anstrebt. Sie thun es aber nicht, und dies einerseits erweckt ein berechtigtes Mißtrauen gegen ihre menschenfreundlichen Absichten, wie es anderseits der nun zu besprechende Umstand mit Recht thun muß.

Wir meinen die ausgesprochenen Sympathien der Sozialdemokratie für die Pariser Commune von 1871. Während diese um ihr Leben kämpfte, sagte der Abgeordnete Bebel im Reichstage, das ganze europäische Proletariat und alles, was noch ein Gefühl für Freiheit und Unabhängigkeit in der Brust trage, sehe auf Paris; der dortige Kampf sei nur ein kleines Vorpostengefecht, die Hauptsache stehe in Europa noch bevor und ehe wenige Jahrzehnte vergehen, werde der Schlachtenruf des Pariser Proletariates: „Krieg den Palästen, Friede den Hütten, Tod der Not und dem Müßiggange!" der Schlachtruf des gesamten europäischen Proletariates werden. Der Reichstag nahm diese

Prophezeiung mit „Heiterkeit" auf. Ist sie aber auch in zwei Jahrzehnten noch nicht eingetroffen, so hat sie doch einen sehr ernsten Hintergrund. Damals sagte das sozialistische Organ „der Volksstaat" in Leipzig: „Wir sind und wir erklären uns solidarisch mit der Commune und sind bereit, jederzeit und gegen jedermann die Handlungen der Commune zu vertreten." Später hat bekanntlich der Abgeordnete Liebknecht im Reichstage erklärt: die Pariser Commune habe sich mit einer Mäßigung benommen, welche unter ähnlichen Umständen in Deutschland wahrscheinlich nicht stattfinden würde.

Sehen wir nun nach, worin die Handlungen und die Mäßigung der Commune bestanden haben. Unter ihren Handlungen befand sich keine einzige, welche, — zu schweigen von Erfolg in einer blutigen Kampfzeit, – auch nur zum Zweck gehabt hätte, der Armut und dem Elend abzuhelfen, der Arbeitskraft beizustehen, der Arbeitslosigkeit zu steuern. In schreiendem Gegensatze zu den Philippiken der Sozialdemokraten gegen den Müssiggang fuhr sie fort, die von der provisorischen Regierung errichtete müssiggehende Nationalgarde zu besolden. Die gefangenen Generale Thomas und Lecomte von der französischen Armee, deren Truppen zur Commune übergegangen waren, wurden erschossen. Die Häupter des Aufstandes siedelten in die prächtigen Räume des Stadthauses über und hielten ein üppiges Siegesmahl ab. Man pflanzte die rote Fahne auf allen öffentlichen Gebäuden auf. Die Wechsel- und Mietschulden wurden aufgehoben. Auf eine Anzahl unbewaffneter Bürger aber, welche Frieden verlangten, schoß die von der Commune besoldete Nationalgarde, tötete 13, verwundete 8, und erhielt dafür den „Dank des Vaterlandes". Auch weiterhin huldigte die Commune lediglich dem von den Sozialdemokraten so sehr verabscheuten Militarismus. Alle Männer von 19 bis 40 Jahren wurden in die Nationalgarde gepreßt; auf die, welche sich nicht stellten, wurde Jagd gemacht, und die Stadtthore wurden geschlossen, um ihr Entweichen zu verhindern. Die Commune ließ nach ihren Gegnern fahnden und sie ausspionieren; ihre Denunziation, Verhaftung und rechtlose Verurteilung war an der Tagesordnung, die öffentlichen Kassen wurden ausgeplündert, die Sträflinge entlassen und bewaffnet, die Häuser durchsucht, harmlose Bürger von Bewaffneten auf der Straße ausgeraubt. Es wurde ein Plan zur Zerreißung Frankreichs in unabhängige Communen aufgestellt. Die Commune unterdrückte die ihr nicht willfährigen Blätter, schloß die Öffentlichkeit ihrer Sitzungen aus, steckte alle Offiziere, die gegen die Armee von Versailles unglücklich fochten, ins Gefängnis, endlich auch den Oberbefehlshaber Cluseret und wenige Tage später seinen Nachfolger Rossel, welcher die Offiziere der Commune aus eigener Anschauung ein betrunkenes Lumpenpack nannte. Ein Wäscher wurde mit der Pistole gezwungen, Minister des Innern zu werden, aber auf Schritt und Tritt bewacht. Rossels Nachfolger Delescluze ließ das Haus von Thiers und die Vendomesäule niederreißen, den Rest der Zeitungen unterdrücken, und während die französischen Truppen eindrangen, Banden von 100 bis 150 „Feuerwerkern" in die Straßen verteilen, um sie anzuzünden. Die Tuilerien, der Louvre, das Palais Royal, das Stadthaus und mindestens 12 weitere Gebäude von Bedeutung wurden in Brand gesteckt, 76 sogenannte Geiseln, meist Priester, darunter der Erzbischof Darboy, wurden erschossen. Als die Regierungstruppen die Stadt eingenommen und allerdings blutige Rache genommen hatten, fand man einen ungeheuren Vorrat von Petroleum und Sprengmassen, durch welche die Stadt hatte vernichtet werden sollen, wenn die Truppen nicht so schnell eingedrungen wären.

Das also sind die Handlungen der Commune, welche Bebel lobpries, — das war ihre „Mäßigung", welche Liebknecht bewunderte. Und dieser Standpunkt ist nicht etwa aufgegeben; denn am 18. März 1891 erschien in Berlin ein rotes Flugblatt, in welchem die Commune getadelt wurde, daß sie nicht noch mehr geraubt, noch mehr gemordet und noch mehr verbrannt habe!

Man hat alle Ursache, den sozialdemokratischen Führern für ihre Aufrichtigkeit dankbar zu sein. Nur sollten sie dann auf der andern Seite die Heuchelei unterlassen, der leidenden Welt bestechende Zukunftsbilder vorzuspiegeln, an welche sie selbst nicht ernstlich glauben können. Denn wenn Bebel, Liebknecht und Genossen sich mit der Commune solidarisch erklären, welche nicht einmal den Gedanken einer sozialen Reform ausgesprochen hat, sondern weiter nichts wollte, als die Schreckenszeit von 1792 bis 1794 wiederholen, um allen Besitz zum Vorteil ihrer Anhänger auszubeuten, so erklären sie sich natürlich auch mit diesen Zielen einverstanden. Bebel schiebt zwar (Die Frau S. 313) die Schreckensherrschaft dem Bürgertum in die Schuhe. Die Commune, die er verehrt, wußte das besser. Das Bürgertum hatte sich schon im Jahre 1791 von der Revolution total zurückgezogen und das Feld dem Proletariat überlassen, an dessen Spitze sich eine kleine Zahl verzweifelter Abenteurer von bürgerlicher Herkunft (die Robespierre, St. Just, Danton, Marat u. s. w.) stellten. Die Commune ist eine genaue Kopie jener Zeit; auch die Cluseret, Delescluze u. A. waren bürgerlicher Herkunft; Bebel, Liebknecht, Singer, Grillenberger und Genossen sind es ja auch! Mit Speck fängt man Mäuse; mit Vorspiegelungen gewinnt man die Leidenden und Unzufriedenen, nicht aber die Denkenden!

Mord, Raub und Brandstiftung, Unterdrückung der Preßfreiheit und aller freien persönlichen Bewegung, sowie Verzicht auf jede wirkliche soziale Reform, nebst Wohlleben der sozialistischen Häupter und fortdauernde Not der Menge, — dies ist in kurzen Worten der Inhalt der Commune, und dies wäre also logischerweise auch das nächste, was Deutschland von einem Emporkommen der Sozialdemokratie zu erwarten hätte. Wie lange diese Kette von Wahnsinn, Verbrechen und Unterdrückung andauern und ob sie überhaupt jemals den von Bebel für oberflächliche Köpfe so verführerisch geschilderten Organisationen der „neuen Gesellschaft" Platz machen würde, — auf die Lösung dieser Frage wird es das Deutsche Reich nicht ankommen lassen, sondern ihr zuvorzukommen wissen.

Das Sozialistengesetz, wodurch dies versucht wurde, haben wir sofort nach seinem Erscheinen als ein Mittel erkannt, das die Sozialdemokratie ebenso sehr stärken würde, wie der Kulturkampf den Ultramontanismus gestärkt hat, und dies hat sich erwahrt. Jetzt, nachdem es aufgehoben ist, handelt es sich darum, der sozialistischen Gefahr, die für das Deutsche Reich darum noch größer ist als für andere Staaten, weil es in der Mitte zweier Reiche liegt, welche nur auf die Ohnmacht des Deutschen Reiches warten, um ihre Pläne zur Ausführung zu bringen, auf einem andern Wege zu begegnen. Welcher soll dies sein?

Die beiden nur scheinbar von einander verschiedenen Geschwister, der Sozialismus und die Anarchie, entsprangen nicht aus dem Liberalismus, und nicht aus der Freimaurerei, wie manche Leute glauben. Sie entsprangen viel mehr aus der Unfähigkeit des Staates und der Kirche, Bedürfnisse zu verstehen, die über den büreaukratischen Gesichtskreis des erstern und den hierarchischen der letztern hinausragen. Mit Polizeimaßregeln wird die Menschheit so wenig erzogen wie mit Glaubensvorschriften. Es fehlt auf beiden Gebieten an einer moralischen Erziehung der Massen, die erst noch geschaffen werden muß, wenn es nicht schon zu spät ist. Die Diener der Religion haben die kostbare Zeit von Jahrhunderten, in denen es ihnen möglich gewesen wäre, die christliche Menschheit im Sinne und Geiste der Morallehren des erhabenen Stifters dieser Religion zu erziehen, mit Glaubensgezänke zu verschwenden vorgezogen. So mußte die Christenheit über dem Dogma die Moral vergessen, auf welche ihr durch den papierenen Vorhang des Bibelbuchstabens die Aussicht verhängt wurde. Die Folge dieser Methode war eine fortlaufende Verschlechterung der Sitten einerseits und eine stetige Abwendung vom Glauben anderseits, und zwar in dem Maße, daß man mit dem unbegründeten Glauben an Konzilienbeschlüsse und Bibelkommentare auch den begründeten Glauben an ein höchstes Wesen wegwarf. Das Bewußtsein kam der Menschheit abhanden, daß der Gedanke desjenigen, was wir nicht begreifen, was aber dennoch besteht, wie die Ewigkeit der Zeitdauer, die Unendlichkeit der Raumausdehnung und der Grund des Weltdaseins, notwendig einen Denker voraussetzt, von dem man nichts Größeres zu rühmen wußte, als seine besondere und möglichst kleinliche Fürsorge für ein elendes Kügelchen im Umkreise der unendlichen Welt! Der Zweifel oder die Unwahrscheinlichkeit dieser letztern Annahme nährte den geistlosen Atheismus und damit auch den Materialismus, welcher auf willkürlichen Behauptungen beruht und nicht vernünftiger ist als irgend ein Dogma oder irgend eine Legende. Der götzenhaft verehrte Buchstabe, für Christentum ausgegeben, hier, — die nackte Verneinung alles Idealen, für Vernunft gehalten, dort, — das war die Konstellation, aus welcher die Revolution entsprang. Und die Revolution ahnte denen nach, welche sie stürzte, ja suchte sie, ohne einen Gedanken an die Verbesserung des Looses der Unglücklichen zu fassen, an Unterdrückung aller freien Regungen zu überbieten. Und dabei ist es geblieben! Staaten und Kirchen sind heute milder geworden, als sie es jemals waren; in den Volksmassen aber ist der Stachel geblieben, und weil Staaten und Kirchen für die Erhebung der Massen zu menschenwürdigerm Dasein nur Ungenügendes thaten, so versuchten Massenführer dies zu besorgen oder stellten sich wenigstens so. Statt aber auf die wohlthätige Weise zu wirken, die in der Pflicht der Staaten und Kirchen gelegen wäre, wählten sie den Weg der Aufreizung und stellten als Mittel zu angeblich glücklicheren Zuständen die brutale Gewalt hin.

Wir können die Verbohrtheit nur anstaunen, welche im Ernste die extremste Orthodoxie als Heilmittel gegen die soziale Krankheit und die soziale Gefahr, ja sogar als das Kennzeichen wahren Deutschtums auszugeben die Stirne hat. **Es ist zu spät!** Ja nicht nur für das Dogma, sondern auch für die christliche Moral ist es jetzt zu spät! Weder mit dem einen noch mit dem andern werden die Hungrigen gespeist, die Zerlumpten bekleidet, die Obdachlosen gebettet, die Kranken geheilt! Es kann nur noch mit **Thaten** geholfen werden.

Man muß das, was die Sozialdemokratie durch Umsturz des Bestehenden bewirken zu können behauptet, nämlich die Aufhebung der sozialen Leiden, ohne Umsturz in die Hand nehmen.

Derjenige Staat, welcher damit einen, wenn auch noch kleinen, doch den ersten und bisher einzigen Anfang gemacht hat, ist das **Deutsche Reich**.

Diejenigen Parteien, welche gegen dieses Unternehmen protestierten, wußten nicht, was sie thaten. Hoffentlich sehen sie es jetzt ein und verbinden sich mit den Parteien, welche jene Maßregeln unterstützten, nicht nur zur Bekämpfung der Sozialdemokratie, sondern auch zu siegreicher Konkurrenz mit derselben.

Man streitet sich um die Worte „Staatshilfe" und „Selbsthilfe". Wie thöricht! Beide sind nicht nur berechtigt, sondern notwendig. Die eine muß die andere ergänzen und unterstützen. Die Hilfe in der sozialen Not muß ein eigentlicher Zweig der Staatsverwaltung werden, und sie muß zugleich eine

Pflicht der Wohlhabenden sein. Namentlich die Reichen sind es, an welche diese Pflicht zumeist herantritt; denn sie sind durch die soziale Gefahr am meisten bedroht, ob sie es nun merken wollen oder nicht. Wollen sie es aber nicht merken und nicht mithelfen, so muß der Staat sie dazu zwingen! Es muß eine besondere, und zwar eine progressive **Notsteuer** auf die großen Vermögen (z. B. von 50000 Mark aufwärts) verlegt werden, mit deren sowohl als eigener Hilfe der Staat solche Anstalten gründet und unterhält, welche Arbeitlosen Arbeit, Obdachlosen Obdach und Arbeitsunfähigen Beistand gewähren. Privatanstalten dieser Art sind natürlich nicht ausgeschlossen.

Dies näher auszuführen und weiteres anzuregen, was gethan werden sollte, dazu fehlt uns hier der Raum und auch der Beruf. Dagegen müssen wir betonen, daß die Maßnahmen gegen die ökonomische Not nicht genügen, sondern mit solchen gegen das moralische Elend Hand in Hand gehen müssen. Wir versenken uns nicht in die Illusion, als ob die Prostitution jemals vollständig unterdrückt werden könnte; denn ihre Vorbedingungen werden stets vorhanden sein. Wir verwahren uns aber gegen das Auskunftsmittel Bebels („Die Frau", S. 337 ff.), sie unter dem Namen der „freien Liebe" zur allgemeinen Regel zu erheben. Im Gegenteil, die staatlich anerkannte Ehe, deren Eingehung aber allerdings zu erleichtern ist, muß die Regel bleiben und dies in noch ausgedehnterm Maße werden als bisher. Denn nur durch sie wird das schwächere Geschlecht, das niemals (wie Bebel wähnt) mit dem stärkern in Wettbewerb auf dem Gebiete der Arbeit und Kultur treten kann, weil es in diesem Kampfe unterliegen und durch ihn in eine neue Sklaverei versinken würde, — gegen Vergewaltigungen von Seite der Männer geschützt! Was aber die Prostitution betrifft, so ist vom Staate zu verlangen, daß er 1) dieselbe in keiner Weise begünstige, erleichtere oder gar befördere, 2) keinerlei Anstalten und Vornahmen dulde, durch welche ihr Vorschub geleistet wird, 3) die Geschlechter in dieser Beziehung gleich behandle und nicht davor zurückschrecke, die Männer, welche sich der Prostitution bedienen, ebenso zur Rechenschaft zu ziehen, wie die Frauen, die von ihr leben, 4) daß er gegen Angriffe von Seite der mit der Prostitution beschäftigten Personen auf die Ehre, Sicherheit und persönliche Freiheit anderer Leute ernst und streng einschreite, und 5) daß er dem die ganze Erde umspannenden Handel mit Mädchen, besonders deutschen, der eine zum Himmel schreiende Schmach ist, seine eingehendste Aufmerksamkeit schenke, ihn unterdrücke und dessen Urheber unnachsichtlich und empfindlich bestrafe.*)

---

*) Näheres siehe in unserer Schrift: „Die Schmach der modernen Kultur." Leipzig 1885, S. 92 ff.

Das Deutsche Reich ist eine Gewähr des Friedens und ein von der deutschen Nation so lange schmerzlich ersehntes Geschenk günstigen Schicksals, daß nur die ärgste Gedankenlosigkeit auf den Wunsch geraten könnte, dasselbe gegen ein in der Luft schwebendes Phantasiegebilde zu vertauschen, das selbst dessen Anhänger nur durch Blutvergießen erreichen zu können gestehen.

Um so sträflicher ist es, daß große Massen Unzufriedener dieser Tendenz durch Geldunterstützungen und Stimmabgabe für Sozialdemokraten, deren Ziele sie nicht oder nur sehr mangelhaft kennen, Vorschub leisten.

Es ist wohlberechnet, daß die Anhänger dieser Partei die Unsicherheit des europäischen Friedens von der Wiedergewinnung Elsaß Lothringens für Deutschland herleiten; sie ignorieren dabei, daß Napoleon III. schon vor dem Kriege und der Communard und Dichter Victor Hugo nach dem Kriege das deutsche linke Rheinufer für Frankreich reklamierten und damit nur eine Ansicht aussprachen, die bei allen Franzosen sehr populär ist und bei Aussicht auf Verwirklichung in Frankreich den ungeteiltesten Beifall erhielte. Der Landgewinn Deutschlands war daher sehr bescheiden, und er verhindert eher einen Krieg, als daß er ihn hervorriefe. Die Revanche für die Annexion ist nur Vorwand; diejenige für die Niederlage und für die vereitelten weit größeren Annexionsgelüste ist des Pudels Kern. Das Geschrei nach derselben führt aber noch keinen Krieg herbei. Deutschlands imposante Macht und sein Bund mit Österreich-Ungarn und Italien steht demselben zumeist im Wege. Mit einem Bunde zwischen Frankreich und Rußland hat es auch keine Eile! Rußland hat im Westen nichts zu suchen; es sehnt sich nur nach dem Bosporus und den Dardanellen und möchte Frankreichs Unterstützung zu diesem seinem alten Ziele gewinnen. Holt ihm Frankreich diese Kastanien aus dem Feuer, so mag es dann allein sich um Metz und Straßburg bemühen und neue deutsche Hiebe holen!

Ein Deutschland nach dem Geschmacke der Sozialdemokraten, d. h. ohne Armee, wäre die leichte Beute des ersten besten Nachbarn. Die Sozialdemokraten können nicht im Ernste glauben, daß im gleichen Augenblicke wie Deutschland auch die Nachbarmächte sozialisiert würden. In Frankreich wäre es sehr fraglich, in Rußland ganz sicher noch lange nicht der Fall; die sozialistische Herrlichkeit würde dann auch nicht lange dauern. Sie würde es aber auch nicht zwischen gleichartigen Nachbarstaaten. Die Erhebung der anarchistischen Masse gegen die neuen Sozialaristokraten würde nicht lange auf sich warten lassen, und die dann eintretende Anarchie wäre bald genug von einem neuen Diktator gebändigt, der das Land wieder der unterbrochenen historischen Entwickelung einreihen würde. Aber die Kultur hätte lange zu arbeiten, bis sie die Spuren von Blut und Brand vertilgt haben würde, die von den Communne-Bewunderern, und zwar in tausendfachem Maße wie seiner Zeit in Paris, zurückgelassen worden wären. Auf der Erde ist nichts vollkommen, auch im Deutschen Reiche nicht; aber bei allen noch vorhandenen Mängeln ist dieses freier, als es unter der Herrschaft der Sozialdemokraten jemals werden könnte. Selbst die Preßprozesse, welche in den letzten Jahren leider geführt wurden, sind Kinderspiel gegen die Preßunterdrückung der Commune, dieses Musterbildes der Sozialdemokraten, und auch Bebel verspricht ("die Frau" S. 329) auf diesem Gebiete "sehr gründlich aufzuräumen". Dann adieu Preßfreiheit! Wenn er dann zwar (S. 313) so gütig ist, die Religion nicht gewaltsam abschaffen zu wollen, so zeigt das Beiwort "atheistisch", das er der Sozialdemokratie beilegt, wie dies gemeint ist. Eine Gesellschaft, welche sich als solche "atheistisch" nennt, kann und darf natürlich keine Religion dulden, deren Diener ja die Communarden in (nach Liebknecht) "gemäßigter" Weise schon in den zwei einzigen Monaten ihrer Herrschaft zu Dutzenden niedergeschossen haben! Gegenwärtig hat jedermann die Wahl seines Berufs; auch Bebel verspricht dies (S. 268 f.); aber gleich guckt der Pferdefuß aus der Bemerkung hervor: wenn sich auf dem einen Gebiete ein Überschuß, auf dem andern ein Mangel an Kräften herausstelle, so habe die Verwaltung einen Ausgleich herbeizuführen. Das heißt aus dem Euphemistischen ins Deutsche übersetzt: wer sich der Sozialdemokratie nicht gutwillig füge, werde eben (wie in Rußland nach Sibirien) auf ein ihm nicht zusagendes Arbeitsfeld geschickt. Mit großer Sophistik windet sich Bebel um die Frage der Kindererziehung herum. Er verwahrt sich zwar (S. 319) gegen den Vorwurf, daß die Sozialdemokratie den Eltern allen Einfluß auf die Kinder nehmen wolle, sagt aber nirgends, daß die Eltern ihre Kinder jemals um sich haben, die Kinder ihre Eltern kennen und lieben lernen sollen, sondern bespricht auf mehreren Seiten diesen Gegenstand in einer Weise, aus welcher klar hervorgeht, daß die Kinder ohne Ausnahme und ohne Unterbrechung ihren Eltern entfremdet und in öffentlichen Anstalten erzogen, also wahrscheinlich den Eltern mit Gewalt entrissen werden sollten.*) Natürlich müßten zur Vollziehung des unfreiwilligen Arbeitswechsels und der unfreiwilligen Kinderherausgabe sozialdespotische Schergen angestellt werden, die so lange ihr Wesen trieben, bis die anarchische Revolution des empörten Volkes ihnen ein Ende machen und die Sozialdespoten ebenso behandeln würde wie die Commune ihre "Generale"!

---

*) Lassen auch gegenwärtig viele Eltern ihre Kinder auswärts erziehen, so geschieht dies eben freiwillig und erst in reiferen Jugendjahren.

Doch wenden wir uns von diesem düstern Hintergrunde lächerlich optimistischer Zukunftsgemälde ab und kehren wir in die Gegenwart zurück.

Das Deutsche Reich steht heute fest da und wird niemals eine Beute, weder der sozialistischen Demokraten, noch Aristokraten, noch Despoten, noch der Anarchie werden, wohl aber wird es in hoffentlich nicht zu ferner Zukunft weitere vernünftig-soziale Einrichtungen bekommen. Der junge Kaiser, angeregt durch eine sorgfältige Geistesbildung und durch Reisen, die er im wohlverstandenen Interesse der Sammlung von Erfahrungen und Beobachtungen unternahm, hat sich als einen Freund sozialer Reformen bekannt und wird in dem langen, ihm noch offenstehenden Leben auf diesem fruchtbaren Felde noch vieles wirken und die Ausführung manches segensreichen Gedankens befördern.

Deutsches Volk! Halte fest an dem durch Jahrhunderte schwer Errungenen; halte zu Kaiser und Reich; lasse dich nicht von Weltverbesserern bethören, die noch keine Probe ihres Könnens und Wollens abgelegt haben; hänge mehr am Vaterland als an Parteien, mehr an den Geistesarbeiten deiner edelsten Söhne auf dem Gebiete des Schrifttums, als an dem blasierten, krankhaften Weltschmerze fremder Sensationsschreiber, pflege die Wissenschaft und die Kunst, deren Werke in deiner herrlichen Sprache, mit dem klassischen Geiste geschaffen werden, der in der ruhmvollen Geschichte deiner Bildung lebt und webt!

Halte in Ehren das deutsche Haus, die deutsche Familie, die deutsche Schule und den tiefen sittlichen Kern der Religion, welche deine Väter angenommen und in deutschem Geiste weiter gepflegt haben! Achte und ehre die Überzeugung und Gewissensfreiheit deiner Brüder und Landsleute der verschiedensten Glaubensrichtungen! Verliere die Entwickelung deiner Einheit nicht aus dem Auge und danke den toten und lebenden Männern, welche sie dir errungen haben. In dieser Hoffnung ruft der Verfasser dieser Zeilen von Herzen:

Gott schütze Deutschland!